AF566199

Aesops Fabeln

Aesops Fabeln

IIllustriert von Arthur Rackham

Aus dem Englischen von
Stora Mar und Katja Jakob

Anaconda

Dieser Publikation liegt die Ausgabe »Aesops Fabelbuch. In neuer Bearbeitung von Stora Mar«, illustriert von Arthur Rackham, Georg W. Dietrich, München (um 1913) zugrunde sowie ergänzend ausgewählte Texte und Illustrationen der englischsprachigen Ausgabe »Aesop's Fables. A New Translation by V. S. Vernon Jones with an Introduction by G. K. Chesterton and Illustrations by Arthur Rackham«, William Heinemann, London 1912, 1967. Die Texte wurden behutsam überarbeitet, Orthografie und Interpunktion wurden unter Wahrung von grammatischen Eigenheiten auf neue Rechtschreibung umgestellt.

Penguin Random House Verlagsgruppe FSC® N001967

Die Deutsche Nationalbibliothek verzeichnet diese Publikation in der Deutschen Nationalbibliografie; detaillierte bibliografische Daten sind im Internet unter http://dnb.d-nb.de abrufbar.

Umschlagmotiv: shutterstock/standa_art; Arthur Rackham
Umschlaggestaltung: www.katjaholst.de
Satz und Layout: InterMedia – Lemke e. K., Heiligenhaus
Druck und Bindung: GGP Media GmbH, Pößneck
Printed in Germany
ISBN 978-3-7306-1249-1
www.anacondaverlag.de

Vorwort

Wohl kein aus dem Altertum überliefertes Literaturerzeugnis ist so bekannt und verbreitet wie die Aesopischen Fabeln. Sie beruhen zwar auf mündlicher Überlieferung und es ist nicht bestimmt nachweisbar, ob wirklich alle aus Aesops Mund stammen, bemerkenswert ist es aber, dass diese Überlieferung nun schon 2000 Jahre überlebte. Gar viele der Fabeln haben in den Lesebüchern Aufnahme gefunden, gewiss zur Freude der jugendlichen Leser, denn ohne aufdringlich lehrhaften Ton steckt in den Fabeln ein hoher ethischer Wert, dabei bilden sie für Jung und Alt eine angenehme Unterhaltungslektüre. Es ist zu begrüßen, dass Arthur Rackham, einer der vorzüglichsten Illustratoren der Gegenwart, sich die Aufgabe gestellt, eine große Anzahl dieser Fabeln mit Bildern zu versehen. Wie erwartet werden konnte, hat Rackham diese Aufgabe glänzend gelöst, und einem Leserkreis vom Kind bis zum gereiften Kunstfreund wird die graziöse, fein humoristische Kunst dieses Meisters zur Freude gereichen.

München *Stora Mar*

Inhalt

Aesops Fabeln

Der Fuchs und die Trauben

An einem Rebstock, der sich an einer hohen Mauer emporrankte, hingen wundervolle, saftige Trauben. Das sah ein hungriger Fuchs, und gierig machte er sich daran, die Trauben zu erwischen. Ein um das andere Mal sprang er; sprang ganz verzweifelt, so hoch er konnte; ja schließlich versuchte er sogar die Mauer zu erklettern.

Aber alles umsonst – sie hingen doch zu hoch!

Nun, da sagte der Fuchs verächtlich: »Diese Trauben sind mir viel zu sauer!«, machte ein hochmütiges Gesicht – und ging davon.

Der Fuchs und der Rabe

Ein Rabe saß auf einem Baum und hatte ein großes Stück Käse im Schnabel, das er irgendwo gestohlen hatte.

Zufällig kam ein Fuchs des Weges. »Ei«, dachte er, »ich müsste doch sehr wenig gewitzt sein, wenn ich dieses Stück Käse nicht bekommen könnte.«

Er setzte sich also unter den Baum und rief freudig aus: »Was sehe ich für einen vornehmen Vogel dort oben! Welch prächtige Farbe er hat; wahrhaftig einen schöneren kann es nicht geben! Wenn dieser Vogel auch noch eine süße Singstimme hätte, müsste er unzweifelhaft König der Vögel sein!«

Der Rabe war sehr entzückt über diese Schmeichelei. Sogleich wollte er beweisen, dass auch seine Singstimme bewunderungswürdig sei – und stieß ein heiseres Gekrächze aus.

Natürlich fiel dabei der Käse herunter –; und der Fuchs, der ihn sofort aufschnappte, sagte lachend:

»Sie haben eine Stimme, gewiss, Herr Rabe! Aber wissen Sie, was Sie nötig hätten? Verstand.«

Die Katze und die Vögel

In einem Vogelhaus waren einige Vögel krank. Die Hauskatze, welche schon lange gerne Zutritt in dieses Vogelhaus gehabt hätte, war sicher, dass ihr das jetzt gelingen würde. Sie verkleidete sich sehr sorgfältig als Arzt und klopfte würdevoll an die Tür. »Ich bin der Arzt«, sagte sie, »erlaubt mir einzutreten, damit ich nachsehen kann, wie es den Kranken geht!«

Die Vögel, welche die Tür nur einen Spalt geöffnet hatten, schoben augenblicklich die Riegel vor. »Oh!«, riefen sie, »schönsten Dank –, den Kranken geht es besser; und uns allen ginge es sehr gut auf dieser Welt, wenn wir heute die Letzte deiner Verwandtschaft gesehen hätten!«

»Unverschämtes Gesindel!«, brummte die Katze. Sie ärgerte sich fürchterlich, dass auch die Vögel schlau waren und sie erkannt hatten.

Der Nordwind und die Sonne

Der Nordwind und die Sonne stritten sich, wer von ihnen kräftiger sei. Als nun gerade ein Mann des Weges kam, der einen weiten Mantel anhatte, sagten sie: »Gut, wir wollen sehen, wer von uns am meisten vermag!«

Zuerst kam der Nordwind dran. Er blies seine Backen auf, so stark er konnte, und stürmte und wütete auf den Mann los, als wollte er ihn in Stücke zerreißen. Aber je toller er blies, desto enger hüllte der Mann sich in seinen Mantel ein.

Jetzt kam die Sonne. Sie lachte freundlich auf den Reisenden herab, sodass er bald seinen Mantel öffnete und ihn lose über die Schultern hängen ließ. Nun aber strahlte die Sonne in ihrer ganzen Kraft. Da hielt er es nicht mehr aus; er riss das warme Kleidungsstück herunter, hing es über den Arm – und ging vergnügt davon!

Eine Schwalbe macht noch keinen Sommer

Es war einmal ein Mann, ein wahrer Verschwender, der hatte sein ganzes Vermögen vergeudet, schließlich besaß er nichts mehr als die Kleider, die er auf dem Leib trug. An einem schönen Frühlingstag, als er gerade nachdachte, wo er heute etwas zu essen bekommen könnte, sah er plötzlich eine Schwalbe in den Lüften spielen.

»Oh«, sagte er, »es ist also Sommer! Das heißt, ich brauche meinen Mantel nicht mehr.«

Gedacht – getan; er verkaufte seinen Mantel beim nächsten Trödler und machte sich mit dem Geld einen vergnügten Tag.

Aber schon über Nacht wechselte das Wetter. Ein eisiger Wind wehte am nächsten Morgen; er traf die arme Schwalbe so hart, dass sie erstarrt zu Boden stürzte.

»Dummer, lügenhafter Vogel!«, schrie der Verschwender, als er sie so fand, »dir habe ich es zu verdanken, dass ich so frieren muss!«

Warum der Mond keine Kleider hat

Der Mond rannte einmal zu seiner Mutter und sagte: »Ach, liebe Mutter, ich möchte ein Kleid haben! Alle Menschen, die ich auf der Erde sehe, haben Kleider; und du selbst hast auch eines!«

»Mein liebes Kind, ich kann dir keines machen«, antwortete die Mutter. »Ich kann mich ja auf deine Figur nicht verlassen. Einmal bist du halb, einmal voll; einmal klein, einmal groß; es würde dir doch niemals richtig passen!«

Die Fledermaus

Eine Fledermaus fiel ins Gras. Sofort stürzte ein Wiesel auf sie zu und wollte sie verspeisen.

»Ach!«, piepste die Fledermaus in Todesangst, »was willst du! – Was tust du! Oh, lasse mich am Leben!«

»Ich kann nicht, ich hasse dich, weil ich alle Vögel hasse«, fauchte das Wiesel.

Die Fledermaus besann sich keinen Augenblick. »Ich bin doch kein Vogel; ich kann die Vögel nicht leiden; ich bin doch eine Maus!«, beteuerte sie.

Da schenkte ihr das Wiesel das Leben. –

Kurze Zeit später hatte die Fledermaus dasselbe Unglück, wieder war ein Wiesel daran ihr den Hals durchzubeißen. »Du sollst augenblicklich gefressen werden«, sagte es, »ich hasse alle Mäuse und dich auch!« – »Aber ich bin doch keine Maus, ich kann die Mäuse nicht leiden! Ich bin doch ein Vogel!«, schämte die Fledermaus sich nicht diesmal zu beteuern.

»Was du nicht sagst –, entschuldige«, antwortete das Wiesel; und die Fledermaus kam wirklich wieder mit dem Leben davon.

Der Holzhauer und der Wassermann

Als ein armer Holzhauer einmal einen Baum am Ufer eines Flusses fällen wollte, flog ihm ungeschickterweise die Axt aus der Hand und fiel ins Wasser. Traurig sah der Holzhauer in den Fluss. Nun konnte er heute nicht mehr arbeiten, und musste sich auch noch eine neue Axt kaufen; das war bei seiner Armut ein großer Verlust.

Doch siehe, es tauchte der Wassermann aus dem Fluss empor und sagte zu dem erschrockenen Mann: »Ich will dir nichts wegnehmen. Ist dies der Gegenstand, den du verloren hast?« Dabei überreichte er ihm eine Axt, die ganz aus Gold gearbeitet war.

»Nein«, antwortete der Holzhauer, »so schön war meine Axt nicht –; die gehört nicht mir.«

»Warte einen Augenblick; ich werde die richtige finden«, meinte der Wassermann. Er tauchte in den Fluss zurück und brachte diesmal eine silberne Axt mit herauf. »Nein, auch das ist nicht die meine«, seufzte der Holzhauer, »die wird wohl verloren bleiben.«

Jetzt brachte der Wassermann sofort die gewöhnliche Axt herbei; aber er schenkte dem braven Mann auch noch die goldene und die silberne dazu, so erfreut war er über dessen Ehrlichkeit.

Überglücklich eilte der Holzhauer zu seinen Genossen. »Seht nur, seht! –, was ich bekommen habe! Nun bin ich ein wohlhabender Mann!«, und er erzählte ihnen, was ihm Freudiges widerfahren war.

»Oh«, dachte ein Neidhammel, »so kostbares Handwerkszeug will ich mir auch verschaffen.«

Er schlich sich an den Fluss, stellte sich, als wollte er arbeiten und ließ dabei seine Axt ins Wasser fallen. Laut jammernd lief er dann am Ufer auf und ab. »Ich armer Mann –, ach, ich armer Mann!«, weinte er.

Da tauchte auch schon der Wassermann vor ihm auf; gerade so wie das erste Mal, mit einer goldenen Axt in der Hand. Jedoch noch ehe er den Schelm fragte, ob sie ihm gehöre, schrie dieser schon: »Das ist meine Axt –, das ist sie!«, und streckte begierig die Hand danach aus.

Was war nun? Mit bösem Lachen verschwand der Wassermann im Fluss. Die goldene Axt hatte er mitgenommen; und der Holzhauer konnte jammern, so viel er wollte, er bekam auch seine eigene Axt nicht mehr aus dem Wasser zurück.

Der verratene Verräter

Ein Esel und ein Fuchs gingen einmal kameradschaftlich zusammen spazieren. Da bemerkten sie zu ihrem Schrecken einen Löwen, der ihnen auflauerte.

Sofort dachte der Fuchs daran, wie er seine eigene Haut retten könne. Er überlegte nicht lange; ganz frech ging er auf den Löwen zu und flüsterte ihm ins Ohr: »Ich will es so einrichten, dass du den Esel, der doch ein viel besserer Braten ist als ich, ohne alle Mühe bekommen kannst, wenn du mich dafür verschonst.«

»Gut«, antwortete der Löwe.

Lächelnd kehrte nun der Fuchs zum Esel zurück und berichtete: »Ich habe alles in Ordnung gebracht. Gehe ruhig weiter! – mein Freund, der Löwe, will uns nichts Böses!«

Und er führte den Esel zu einer verdeckten Grube, die ein Jäger für die Raubtiere angelegt hatte. Der arme Esel, der sie nicht kannte, fiel wirklich hinein.

Als aber nun der Löwe sah, dass der Esel ihm nicht mehr entkommen konnte – fiel er augenblicklich über den Fuchs her – und sparte sich den Esel als Nachtisch.

Die alte Frau und der Weinkrug

Eine alte Frau nahm einen leeren Weinkrug, der einst einen seltenen und teuren Wein enthielt und der immer noch einige Spuren seines exquisiten Bouquets bewahrte. Sie hielt ihn an ihre Nase und schnupperte immer wieder daran. »Ah«, rief sie, »wie köstlich muss das Getränk gewesen sein, das einen so betörenden Geruch hinterlassen hat.«

Der Wolf und das Lamm

Ein Wolf entdeckte ein armes, verirrtes Lämmlein, das ihm zum Abendschmaus sehr willkommen war. Er schämte sich jedoch, ein so hilfloses Tier ohne jeden Grund umzubringen und stellte sich an, als wäre er von dem Lämmlein beleidigt worden.

»Kerl!«, brüllte er es an, »du bist es, der mich letztes Jahr verspottet hat!«

»Das ist unmöglich!«, blökte das Lamm und weinte, »es ist doch erst einige Wochen, dass ich geboren bin.«

»Gut, aber was erlaubst du dir denn, auf meiner Weide zu fressen? Das sollst du büßen!«, antwortete der Wolf.

»Ich habe deine Weide nicht beschädigt, auch das nicht«, meinte das Lamm, »ich habe bis jetzt noch nie Gras versucht.«

Zitternd stand das Lämmchen, als der Wolf nun schrie: »Ha, aber aus meinem Bach hast du getrunken!«

»Nein«, erwiderte es, »ganz gewiss nicht. Ich habe bis jetzt noch nichts als Mutters Milch getrunken.«

Der Wolf war wütend, dass ihm seine Rechtfertigung nicht glückte. »Sei es, wie es will: Fressen will ich dich auf jeden Fall«, sagte er, »dann eben darum, weil du nicht aus meinem Bach getrunken hast.«

Und er fraß es auf.

Die kluge Krähe

Eine Krähe, die fast am Verdursten war, fand endlich einen Krug mit Wasser. Aber –, o weh –, der Krug war sehr eng; und es war so wenig Wasser darin, dass sie, so viel sie sich auch plagte, nicht mit dem Schnabel bis zum Wasser hinab kommen konnte. Nun brachte die Not sie auf einen guten Gedanken: Sie warf kleine Kieselsteine in den Krug, einen nach dem andern –; und mit jedem Stein stieg das Wasser etwas höher, bis es zuletzt am Rand ankam. Mit Wohlbehagen konnte die kluge Krähe ihren Durst löschen.

Der Hirsch im Kuhstall

Es war zur Jagdzeit, da wurde ein Hirsch so hitzig von den Hunden verfolgt, dass er in seiner Not auf einem Gutshof Zuflucht suchte und bis in den Stall hineinrannte, in dem viele Kühe und Ochsen standen. Atemlos stürzte er auf einen großen Heuhaufen zu, in welchen er sich so hineinwühlte, dass kaum mehr die Spitzen seines Geweihs zu sehen waren.

Sehr erstaunt sahen die Kühe und Ochsen dem merkwürdigen Gast zu; und einer der Ochsen sagte: »Was hat denn dich veranlasst hierher zu kommen? Wenn dich die Knechte sehen, so bist du verloren.« – »Ach, ich bitte euch!«, schnaubte der Hirsch, »lasst mich vorerst hier ausruhn! In der Nacht, im Schutze der Dunkelheit, kann ich sicher entfliehn.«

Und wirklich, mehrere Knechte kamen während des Nachmittags in den Stall, um nach dem Vieh zu sehen, aber keiner entdeckte den Flüchtling. »Ich freue mich sehr, dass ich mich hier versteckt habe«, sagte der Hirsch, »und danke euch, dass ihr mich nicht verraten habt!«

»Ach«, meinte eine Kuh, »freue dich nicht zu früh! Wenn der Herr selbst in den Stall kommen sollte, der würde dich sicher entdecken, denn seinen scharfen Augen kann nichts entgehn.«

Da kam auch schon der Herr herein. Sogleich fing er an zu schimpfen, dass die Tiere schlecht gehalten seien und viel zu wenig zu fressen hätten. Ach, und da ging er gerade auf den Heuhaufen zu, unter dem der Hirsch verborgen lag –, nahm das Heu und warf es den Tieren in die Krippe.

Der arme Hirsch! So wurde er natürlich gefunden; und er kam nicht mehr lebendig aus dem Stall!

Das enttäuschte Milchmädchen

Eine Bauerntochter hatte ihre Kühe auf der Weide gemolken und trug nun ihre Milch nach Hause. Sie trug den vollen Eimer vorsichtig auf dem Kopf; und während sie so dahinging, sprach sie vergnügt vor sich hin:

»Diese Milch wird mir Rahm geben, diesen Rahm werde ich zu Butter verrühren, und die Butter werde ich in der Stadt verkaufen. Mit dem Geld will ich dann Eier kaufen, und wenn diese ausgebrütet sind, dann habe ich reizende kleine Küken. Was soll ich aber die Küken abstechen? Nein, ich lasse sie heranwachsen, bis sie wieder Eier legen, so bekomme ich schönes Geflügel zusammen. – Dann kann ich ja einige meiner Hühner auf den Markt geben, bekomme viel Geld dafür, und darum kann ich mir leicht ein neues Kleid anschaffen. – Ja, und bis zum Jahrmarkt muss das neue Kleid fertig sein –; ich denke, rot wird mir sehr gut anstehn. – Ha, wie die Leute mich bewundern werden! – Und ein Hauptspaß ist es dann, wenn die anderen Mädchen mich neidisch ansehn darüber: Da mache ich es einfach so – oh« – und sie warf den Kopf zurück –, ohne an ihren Eimer zu denken! Platsch, da fiel er zu Boden. Die schöne Milch floss in der Gosse; und das arme Milchmädchen stand da und weinte darum.

Die Ziege und der Weinstock

Ein Ziegenbock streifte in einem Weinberg umher und begann, an den zarten Trieben eines Weinstocks zu knabbern, der mehrere schöne Trauben trug. »Was habe ich dir

getan«, fragte die Rebe, »dass du mir so etwas antust? Gibt es nicht genug Gras, von dem du dich ernähren kannst? Aber selbst wenn du all meine Blätter auffrisst und mich ganz kahl zurücklässt: Ich werde genug Wein hervorbringen, um dich zu übergießen, wenn du zum Altar geführt wirst, um geopfert zu werden.«

Der Fuchs und der Storch

Herr Fuchs wollte sich einen vergnügten Abend bereiten; und zwar machte er es auf diese Weise –: Er lud den Storch freundlich zum Abendbrot ein, bereitete eine sehr schmackhafte Suppe, brachte diese aber in einer ganz flachen Schüssel auf den Tisch. Der Storch konnte natürlich mit seinem langen Schnabel nichts von der flachen Schüssel wegbekommen und musste trübselig zusehen, wie sein Wirt sich die Suppe schmecken ließ.

Nicht lange darauf bat nun der Storch den Fuchs ihn zu besuchen. Und siehe, da setzte er ihm die Mahlzeit in einer Flasche mit langem, engem Hals vor. Mit Leichtigkeit steckte der Storch seinen Schnabel in die Flasche und lobte die feine Brühe, während der Fuchs wütend und hungrig dasaß – und vorgab keinen Appetit zu haben –, denn er konnte seine Schnauze unmöglich in die Flasche hineinbringen.

Der Wolf im Schafskleid

Ein Wolf wollte sich einmal recht an Schafen sattfressen. So nähte er sich in ein Schafsfell ein und schlich sich auf der Weide unter die Schafe. Es gelang ihm wirklich den Hirten zu täuschen; und als die Herde abends eingetrieben wurde, lief auch der Wolf mit in den Stall hinein. Entzückt blickte er sich nach den fettesten Schafen um, die nachher sein Nachtmahl sein sollten. Aber der Hirte hatte gerade an diesem Tag den Auftrag bekommen, einen Schafbraten zu liefern. Da er nun den Wolf für ein Schaf hielt, wählte er ihn aus, zog sein Messer und stach ihn tot.

Die Großen und die Kleinen

Es trug sich zu, dass die Delfine und die Walfische zu einer Beratung zusammenkamen, dabei fingen sie an zu streiten; und es wurde schließlich ein so fürchterlicher Kampf daraus, dass das Meer sich ringsum rot von Blut färbte.

»Ach!«, rief eine kleine Sprotte, die in der Nähe zusah, »seht ihr denn nicht, dass ihr euch gegenseitig entsetzlich schaden werdet? Es wäre doch sicher das Beste, ihr würdet wieder Freundschaft schließen wie vorher!«

»Unverschämte, was erlaubst du dir!«, antworteten die Ungeheuer, »wir sollen einen Rat annehmen von einer Sprotte wie dir! Nein, lieber wollen wir weiterkämpfen, bis wir alle am Platz bleiben!«

Der Löwe und die Maus

Eine unvorsichtige kleine Maus lief einem schlafenden Löwen über das Gesicht und weckte ihn dadurch auf. Ärgerlich fuhr er empor, packte sie und wollte sie totschlagen.

»Oh –, oh!«, bat die Maus zitternd, »verzeih! –, und lass mich am Leben! Ich will dir sicher deine Großmut vergelten!« Der Löwe fand es sehr unterhaltend, dass ein Mäuschen sich einbilden konnte, es wäre imstande ihm einen Dienst zu leisten. Er lachte laut und ließ es laufen.

Aber bald darauf geriet der Löwe in ein Netz, welches die Jäger ihm gestellt hatten. Was half ihm nun seine Kraft? In seiner Angst brüllte er so laut, dass man es weithin hören konnte.

Da kam auch schon die Maus herbei –; und siehe, sie zernagte Masche um Masche des Netzes, bis der Löwe frei war.

»Du lachtest mich allerdings aus«, sagte sie, »als ich dir versprach, dir auch einmal zu helfen. Aber es freut mich doch, dass ich es tun konnte.«

Die Tanne und der Brombeerstrauch

Armes Geschöpf«, sagte eine Tanne herablassend zu einem Brombeerstrauch, »du tust mir leid, dass du neben mir stehn und mich bewundern musst. Wie nützlich bin ich doch den Menschen; sie könnten ohne mich nicht einmal ihre Häuser bauen! Du jedoch bist zu nichts zu gebrauchen!«

»Du hast recht!«, antwortete der Strauch, »ich habe nichts als meine Beeren. Aber wenn die Menschen mit Äxten und Sägen kommen werden, dir das Leben zu nehmen, glaubst du nicht, dass es dir dann angenehmer wäre ein Strauch zu sein – und keine Tanne?«

Der eifersüchtige Esel

Ein reicher Müller besaß einen Esel und ein niedliches Schoßhündchen. Der Esel hatte natürlich Arbeit zu verrichten; er musste Säcke tragen und auch hie und da einen Wagen ziehn, aber sonst hatte er es so schön, wie ein Esel es nur haben kann.

Der kleine Hund jedoch hatte es noch schöner. Er war der verzärtelte Liebling des Müllers, durfte immer auf seinem Schoß liegen; und wenn sein Herr ausging, so kehrte er nie ohne Leckerbissen für ihn zurück, denn er freute sich sehr, wenn ihm das Hündchen bellend entgegensprang.

»Ei«, dachte der Esel, »ich bin doch liebenswerter als dieses faule Tier!« Und eines Tages plagte ihn die Eifersucht so sehr, dass er sein Halfter zerriss und in das Haus rannte, gerade als sein Herr bei Tisch saß.

»Iah –, iah!«, schrie der Esel, und tanzte und sprang und wedelte mit dem Schweif, um zu zeigen, dass er ebenso liebenswürdig sein konnte wie das Hündchen. Leider aber war er zu plump dazu. Tische und Stühle fielen um, dass Gläser und Schüsseln in Scherben gingen –; und – noch schlimmer, nun wollte er gar auf den Schoß des Müllers springen, wo vorher das Hündchen gelegen war. Da stürzten, in Angst um das Leben ihres Herrn, die Diener mit Knüppeln und Stöcken herbei; und halb tot geprügelt trieben sie den Esel in seinen Stall zurück.

»Ach«, klagte er und weinte, »warum war ich mit meiner ehrenhaften Stellung nicht zufrieden, und wollte wie ein Schoßhündchen gehalten sein? Nun habe ich die Liebe meines Herrn für immer verloren!«

Der Stier und die Mücke

Eine Mücke begegnete einem Stier und ließ sich auf einem seiner Hörner nieder. Als sie nach einiger Zeit wieder Lust hatte weiterzufliegen, sagte sie: »Entschuldige, Freund Stier, dass ich dich schon verlassen muss!«

Gleichgültig erhob der Stier seine Augen. »Ich bemerkte es gar nicht, als du kamst, und werde es auch nicht bemerken, wenn du gehst«, antwortete er und fraß weiter.

Der Hahn, der Hund und der Fuchs

Ein Hund und ein Hahn hatten sich innig befreundet; nun wollten sie auch zusammen auf Reisen gehn. Als es dunkel wurde, suchten sie sich einen hohlen Baum; der Hahn flog auf einen Ast –, der Hund kroch in den Stamm, so schliefen sie beide wundervoll, bis der Tag anbrach.

Zuerst erwachte der Hahn, und wie es seine Gewohnheit war, krähte er fröhlich den Morgen an.

»Was ist das?«, dachte ein Fuchs, »diesen Tönen nach dürfte ich ein vortreffliches Frühstück haben!«

Er ging zum Baum und rief: »Oh, welche Ehre die Bekanntschaft eines so berühmten Sängers zu machen! Kommen Sie, bitte, etwas näher, damit ich Ihnen meinen Dank aussprechen kann!«

»Willst du nicht zuerst meinen Gefährten wecken, der unten im hohlen Stamm schläft?«, antwortete der Hahn.

Entzückt sprang der Fuchs zum Stamm, denn er meinte, dort sei nichts anderes als ein zweiter Hahn. Da stürzte der Hund heraus und biss ihn tot!

Die Freunde

Zwei junge Männer hatten sich auf einer Reise kennengelernt; und da sie sich sehr befreundeten, beschlossen sie fortan gemeinsam weiterzuwandern. Ihr Weg führte sie durch einen wilden Forst, sodass jeder von den beiden sich freute, nicht allein zu sein. Und – welch ein Schreck – da trabte auch schon ein Bär auf sie zu!

Ho! Da rannte der eine Bursche so schnell er es vermochte zum nächsten Baum, den er erklettern konnte, und verbarg sich in den Ästen. Der andere jedoch, der zuerst gedacht hatte, zu zweit könnten sie des Tieres wohl Herr werden, war ruhig stehen geblieben, sodass er jetzt keine Zeit mehr hatte zu entfliehn. Es blieb ihm nichts andres übrig, er musste sich tot stellen, denn oft hatte er davon reden hören, dass ein Bär keinen Leichnam berührt.

Kaum hatte er sich zu Boden geworfen, war der Bär schon da. Es waren schreckliche Augenblicke für den armen Kerl; bocksteif lag er da und hielt krampfhaft den Atem an, während das Untier ihn von allen Seiten mit seiner heißen Schnauze beschnüffelte, ja sogar versuchte ihn mit der Tatze umzudrehn. Endlich – endlich war der Bär überzeugt einen Toten vor sich zu haben und ging unwillig brummend in den Wald zurück.

Wie nun die Gefahr vorüber war, kam der junge Mann zitternd von seinem Baum herunter. »Ach«, sagte er, »bester Freund, welch ein Glück, dass du lebst! Ich glaubte schon, dein letztes Stündlein sei gekommen! Aber, sage mir nur, was hat dir denn der Bär zugeflüstert, als er seine Schnauze so nahe an dein Ohr steckte?«

»Er gab mir den Rat, nicht mit einem ›Freund‹ zu reisen, welcher mich bei der ersten Gefahr verlässt«, antwortete der, ergriff seinen Stock und ging.

Der Wolf, der Fuchs und der Affe

Ein Wolf beschuldigte einen Fuchs des Diebstahls, was dieser bestritt, und der Fall wurde vor einen Affen zur Verhandlung gebracht. Nachdem er die Beweise beider Seiten gehört hatte, fällte der Affe sein Urteil wie folgt: »Ich glaube nicht«, sagte er, »dass du, o Wolf, wirklich eingebüßt hast, was du behauptest; aber dennoch glaube ich, dass du, Fuchs, des Diebstahls schuldig bist, trotz all deiner Leugnungen.«

Die Gabe Jupiters

Es war im Frühling, da flog eine Bienenkönigin mit einer Wabe wundervollen Honigs zum Olymp hinauf und legte diese als Geschenk vor Jupiter nieder.

Jupiter freute sich sehr über diese Aufmerksamkeit. »Wünsche du dir nun etwas von mir«, sagte er freundlich, »was es auch sei, dein Wunsch soll erfüllt werden!«

»So gib uns Bienen eine Waffe!«, antwortete die Königin rasch. »Wir wollen uns an den Menschen rächen können, die uns den Honig rauben.«

Über diesen Wunsch war Jupiter sehr ärgerlich, denn er liebte die Menschen. Jedoch da er sein Wort gegeben hatte, musste er es halten. Er sprach: »Nun denn – – es sei! Ich will einen Stachel in euern Leib einfügen, damit könnt ihr die Menschen verletzen. Aber hütet euch! – Wenn eine Biene einen Mann sticht, so wird dieser Stachel so fest in der Wunde bleiben, dass er ihr aus dem Leib gerissen wird – und daran wird die Biene sterben!«

Der Floh

Ein Floh hatte sich im Hemd eines Mannes versteckt und biss ihn immerzu. Schließlich hielt der Mann das fürchterliche Jucken nicht mehr aus, er machte hitzige Jagd auf das Untier; aber erst nach vieler Mühe gelang es ihm es zu fangen. »Ha!«, schrie er, indem er den Floh, fest zwischen Finger und Daumen geklemmt, betrachtete, »habe ich dich, du freches Geschöpf! Wer bist du, dass du über meinen Körper herfällst, als wäre er dein Eigentum?«

»Ach – oh!«, antwortete ein winziges Stimmchen, »Herr, Herr, töte mich nicht! Ich bin doch nur ein Floh; ich kann Euch doch niemals wirklich Übles antun wie andere, große Tiere!«

Grimmig lachte der Mann. »Nein, mein Lieber, du musst sterben«, sagte er, »du hast nichts anderes verdient. Viele kleine Bisse quälen oft mehr als ein großer!«

Er hielt den Floh über ein Licht und verbrannte ihn.

Die Reisenden im Affenland

Es waren einmal zwei Männer – einer von ihnen sprach nie die Wahrheit, der andere sagte niemals eine Lüge. Diese beiden Männer mussten zusammen eine weite Reise machen, da verirrten sie sich im Urwald und kamen, ohne es zu wissen, in das Affenland. Der König der Affen freute sich sehr, dass er einmal Menschen in seine Gewalt bekam. Oh, er wollte sie mit seiner Pracht und Macht in Erstaunen setzen! Sogleich schickte er große Affen aus, die mussten die beiden Reisenden gefangen nehmen.

Majestätisch setzte sich der Affenkönig auf einen Thron und alle seine Untertanen waren in langen Reihen auf beiden Seiten aufgestellt. Ein Herold klatschte in die Hände, da wurden die Fremdlinge vorgeführt.

»Nun, ihr Herren!«, sprach grinsend der König, »was denkt ihr von mir?« – »Sie sind ein kluger, mächtiger König, das sehe ich auf den ersten Blick!«, schrie sofort der lügenhafte Mann, mit einer tiefen Verbeugung. »Und meine Untertanen?«

»Ich kann nicht anders sagen: als dass sie ihres hohen Gebieters würdig sind.«

Entzückt über dieses Urteil fingen die Affen an zu tanzen und überreichten dem Mann ein kostbares Geschenk aus Edelsteinen. »Ei«, dachte der andere Reisende, »wenn mein Gefährte schon für seine Lügen so sehr belohnt wird, dann werde ich, wenn ich meine wahren Gedanken sage, als reicher Mann nach Hause kommen.«

So trat er denn vor und sagte: »Ihr alle seid und bleibt Affen –, aber schöne Affen –, der schönste von euch ist der dort auf dem Thron!« Auf diese Worte entstand ein großes

Geschrei. Erbost stürzten die Affen auf den Mann zu, führten ihn ab und töteten ihn.

Der Sklave und der Löwe

Es lebte einst ein Sklave, der wurde von seinem Herrn so grausam behandelt, dass er es vorzog in das furchtbare, wilde Gebirge zu fliehn, als noch länger bei ihm zu bleiben.

Als er nun herumirrte, um Obdach und Nahrung zu suchen, kam er an eine Höhle und da diese dicht neben einer frischen Quelle lag, dünkte ihm, er hätte ein Paradies gefunden.

Aber o weh!, es war die Höhle eines Löwen! Schon kam das Raubtier herbei; und der unglückliche Mann erwartete, im nächsten Augenblick zerrissen zu werden.

Jedoch der Löwe setzte nicht zum Sprung an, langsam und wimmernd hinkte er auf den Sklaven zu, ja, er streckte ihm, wie bittend, eine Tatze entgegen. Und jetzt bemerkte der Sklave, dass die Tatze sehr geschwollen und entzündet war; sie musste dem Löwen große Schmerzen bereiten.

Da hatte der Mann Mitleid mit dem Tier. Er untersuchte die Tatze und fand einen großen Dorn im Ballen, den er vorsichtig herauszog; dann wusch er die Wunde sorgfältig aus und verband sie mit einem Stück Leinen, das er von seinem Hemd abriss. Dankbar kauerte sich der Löwe zu Füßen seines Wohltäters nieder; und von dieser Stunde an wurden sie die besten Freunde. Auch als die Wunde längst verheilt war, blieben sie zusammen in der Höhle. Willig gab das Tier dem Menschen von seiner Beute ab und begleitete ihn wie ein Hund.

Aber mit der Zeit erfasste den Sklaven die Sehnsucht wieder Menschen zu sehn. Eines Tages hielt er es nicht mehr aus; er verließ sein sicheres Versteck und kehrte in die Stadt zurück.

Wie es das Unglück wollte, wurde er sogleich erkannt. Man schleppte ihn gefesselt vor seinen früheren Herrn; und dieser bestimmte: Er solle – zur Warnung für andere Sklaven – beim nächsten Schauspiel im Zirkus den wilden Tieren vorgeworfen werden.

Bald kam der schreckliche Tag. Das Volk, welches an einem so entsetzlichen Schauspiel Gefallen fand, drängte sich auf den steinernen Sitzen des Theaters. Die wilden Tiere brüllten vor Hunger in ihren Käfigen. Jetzt stießen Soldaten den unglückseligen Sklaven in die Arena, und ein großer Löwe wurde auf ihn losgelassen.

Aber was war das? Der blutgierige Löwe veränderte plötzlich sein ganzes Aussehn! Ein Ausdruck von Freude ging über sein Raubtiergesicht; schweifwedelnd legte er sich zu Füßen seines Opfers nieder und leckte dem Mann, den er zerfleischen sollte, zart die Hand.

Das war des armen Sklaven alter Freund aus der Höhle! Die Zuschauer blieben lange still vor Staunen. Dann aber brachen sie in einen Sturm des Beifalls aus, schreiend verlangten sie, das Leben des Sklaven müsse geschont werden.

Es kam noch besser! Der Statthalter ließ den Sklaven vor sich bringen; und als ihm dieser die Geschichte von der Treue und Dankbarkeit des wilden Tieres erzählt hatte, befahl er erschüttert:

»Beide sollen ihre Freiheit erhalten – der Mann und der Löwe!«

Der lügenhafte Hirte

Ein Hirtenknabe hütete seine Herde ganz in der Nähe eines Dorfes. Er langweilte sich und so kam er auf den schlimmen Gedanken, die Dorfbewohner zu erschrecken, indem er ihnen weismache, der Wolf greife ihre Schafe an.

Er wartete, bis es dunkel wurde, dann fing er an zu schreien: »Der Wolf, der Wolf! O kommt! Der Wolf!«

Ach, es war ein schöner Spaß! Mit Prügeln und Dreschflegeln rannten die Bauern herbei, dass der Hirte eine Stunde lang zu lachen hatte. Am nächsten Tag machte er es wieder so – und noch mehrere Male; und immer fanden die Bauern, dass sie gefoppt waren.

Aber – wie entsetzlich! – einmal kam wirklich der Wolf! »Der Wolf, der Wolf! Um Gottes willen der Wolf!«, brüllte der Knabe verzweifelt, so laut er konnte.

Die Bauern jedoch glaubten ihm nicht mehr; sie blieben ruhig in ihren Betten und lachten über sein Geschrei. Ungestört wütete der Wolf unter der Herde, er zerriss viele Schafe; und der Junge hatte nachher den Schaden zu tragen.

Die Eiche und das Schilfrohr

Eine Eiche stand stolz und mächtig am Ufer eines Sees. Eines Tages fuhr ein furchtbarer Sturm über den See; er stürzte sich auch gegen die Eiche und kämpfte so lange mit ihr, bis er sie entwurzelt und umgeworfen hatte. So fiel die Eiche ins Wasser, mitten unter das Schilfrohr, welches hier wuchs. »Ach«, seufzte sie, »wie kann das sein? Ihr, die ihr so dünn und schwach seid, bliebet unverletzt! Ihr konntet also dem Sturm widerstehn, während ich Starke, Kräftige durch ihn sterben muss?« – »Wir haben es wohl gesehn; du warst widerspenstig, du lehntest dich auf gegen den, der stärker war als du«, war die Antwort. »Wir aber bogen und beugten uns bei jedem Hauch, wie der Sturm es wollte, sodass er mit uns spielte und uns kein Leid antat.«

Der Mann und der Satyr

Ein Mann und ein Satyr wurden Freunde und beschlossen, zusammen zu leben. Eine Zeit lang ging alles gut, bis der Satyr eines Tages im Winter den Mann auf seine Hände blasen sah. »Warum tust du das?«, fragte er. »Um meine Hände zu wärmen«, sagte der Mann. Am selben Tag, als sie zusammen zu Abend aßen, hatte jeder von ihnen eine dampfend heiße Schüssel mit Brei, und der Mann hob seine Schüssel zum Mund und blies darauf. »Warum tust du das?«, fragte der Satyr. »Um meinen Brei abzukühlen«, sagte der Mann. Der Satyr erhob sich vom Tisch. »Auf Wiedersehen«, sagte er, »ich gehe jetzt: Ich kann nicht mit einem Mann befreundet sein, der im gleichen Atemzug heiß und kalt bläst.«

Der Knabe und die Schnecken

Ein Bauernjunge wollte Schnecken essen. Er sammelte ein Körbchen voll, machte dann ein Feuer an und legte die Schnecken rings herum, um sie zu rösten. Als nun die feuchten Schnecken die Hitze zu fühlen begannen, da zischten und krachten sie, wie das immer ist, wenn Feuer und Wasser zusammenkommen. Der dumme Junge aber bildete sich ein, dieses Zischen sei die Stimme der Schnecken, und entrüstet sagte er: »Ihr leichtsinnigen Geschöpfe, wie könnt ihr noch Lust haben zu pfeifen, wenn eure Häuser brennen!«

Der betrogene Esel

Ein Kaufmann kaufte in der Stadt vier große Säcke Salz, belud damit seinen Esel und machte sich auf die Heimreise. Nicht weit vor der Stadt mussten sie einen Fluss durchqueren, da stolperte der schwer beladene Esel und fiel ins Wasser. Das ganze Salz wurde nass, vieles löste sich auf und schwamm fort, sodass der Esel, als er wieder auf die Beine kam, seine Last viel leichter fand als zuvor.

Sein Herr war sehr traurig über den Verlust. Er kehrte in die Stadt zurück, kaufte neues Salz und trat abermals den Heimweg an. Kaum hatte der Esel jedoch einige Schritte in den Fluss getan, da fiel er wieder ins Wasser; ja, er blieb sogar länger liegen, damit seine Bürde noch leichter werde.

»Dich werde ich lehren, mich zu überlisten«, dachte der Kaufmann wütend. Noch einmal trieb er den Esel in die Stadt zurück; aber dieses Mal wurden viele Schwämme in die Säcke gestopft und dem Esel aufgeladen.

Als sich nun der Esel zum dritten Mal in den Fluss legte, da saugten die Schwämme das Wasser auf – und, o weh – der Esel musste erkennen, dass die nassen Säcke viel schwerer waren als die trockenen.

Wenn er nun in Zukunft an den Fluss kam, vermied er es tunlichst hineinzufallen!

Der Fuchs und die Ziege

Ein Fuchs war unachtsam, fiel in einen Brunnen und konnte nicht mehr heraus. Schon verzweifelte er an seiner Rettung, als eine durstige Ziege zu dem Brunnen kam. Sie meinte, der Fuchs sei dort unten, um zu trinken und fragte höflich: »Bitte, ist das Wasser gut?« – »Gut?«, antwortete der Fuchs, »es ist das beste Wasser, das ich je gekostet habe! Komm herunter und versuche es!«

Sogleich sprang die Ziege in den Brunnen. Sie löschte ihren Durst; und dann sah sie sich nach einem Weg um, wieder hinauszukommen. »Wir kommen ganz leicht hinaus«, sagte der Fuchs. »Stelle dich auf deine Hinterbeine und stemme deine Vorderbeine gegen die Mauer! Dann will ich auf deinen Rücken und deine Hörner steigen, so springe ich über die Mauer. Bin ich erst einmal oben, dann kann ich dir gut helfen.«

Die einfältige, unschuldige Ziege! – Sie überlegte nicht lange, ob er ihr auch wirklich helfen könne. Sie machte die Leiter für den Betrüger –, der sprang vergnügt hinaus und ging kaltblütig davon.

»Hättest du so viel Verstand im Kopf, als du Haare im Bart hast«, rief er höhnisch zurück, »so wärst du nicht in den Brunnen gesprungen, ohne dir vorher zu überlegen, wie du wieder herauskommst! – Lebe wohl!«

Der Fischer und die Forelle

Als ein Fischer mit vieler Mühe sein Netz einzog, hatte er – zu seinem Ärger – nur eine einzige kleine Forelle gefangen. »Ach!«, bat die Forelle jammernd, »was hast du an mir? Ich bin doch noch so klein! Wirf mich ins Wasser zurück, so kann ich wachsen, und wenn du mich später fängst, hast du einen großen Fisch!« – »Sehr liebenswürdig von dir, mir diesen Rat zu geben«, brummte der Fischer, indem er die Forelle in seinen Korb warf, »wenn ich dich leben lasse, kannst du allerdings groß werden! Aber – wer verspricht mir denn, dass ich dich dann wiedersehe? – Ich behalte dich doch lieber jetzt!«

Der Prahlhans

Ein Mann hatte weite Reisen gemacht und erzählte nun zu Hause gar wunderbare Geschichten über die Taten, die er in fremden Landen vollbracht hatte. »In Rhodos«, prahlte er, »habe ich auch an dem großen Wettspringen teilgenommen. Ha! –, da tat ich zwei, drei so hohe Sprünge, dass mich keiner überbieten konnte. Geht nur nach Rhodos und fragt, ob dies wahr ist oder nicht!«

Schmunzelnd antwortete einer der Zuhörer: »Warum sollen wir bis Rhodos reisen, um zu fragen, ob du ein guter Springer bist? Wir stellen uns einfach vor, hier sei Rhodos –; und jetzt, bitte, zeige uns hier, wie du springen kannst!«

Der Landmann und Fortuna

Ein Landmann pflügte seinen Acker und scharrte dabei einen Topf mit goldenen Münzen aus der Erde. Überglücklich schlachtete der Landmann ein weißes Lamm und brachte es als Dankesopfer an den Altar der Göttin der Erde. Darüber war Fortuna sehr gekränkt. Sie stellte sich dem Mann in den Weg und sagte: »Warum, mein Lieber, dankst du der Erde für eine Gabe, welche ich dir zugebracht habe? Wenn du nun das wieder verlieren würdest, was du gefunden hast –, wem würdest du dann die Schuld geben? Oh, ich weiß es genau; dann würdest du die Göttin des Glücks verfluchen!«

Wie die Mäuse der Katze die Schelle anhängen wollten

Es ist eine alte Sache, dass die Mäuse von den Katzen verfolgt und getötet werden. Aber die Mäuse dachten, sie wären klug genug ein Mittel zu finden, diesen Erbfeind unschädlich zu machen. Da beriefen sie eine Versammlung ein und versprachen, die Maus sollte Königin sein, welche sie von der Katze befreite.

Eine sehr vornehme Maus meldete sich zu Wort und sagte: »Ihr lieben Mitmäuse, mein Verstand hat einen Plan ausgearbeitet – uns allen wird geholfen sein! Nun hört! Wir hängen der Katze eine Schelle um; wir hören sie dann schon von Weitem. Ja, und ich will schwören, keine flinke Maus wird noch von ihr getötet werden!« Über diese Worte waren alle Mäuse geradezu entzückt, sie piepsten und schrien vor Freude.

Nur eine alte graue Maus schüttelte den Kopf. »Auch ich bewundere den Plan, ganz gewiss«, sagte sie schüchtern, »aber erlaubt mir die Frage: – Wer wird denn hingehn und der Katze die Schelle umhängen?«

Da hätten die Mäuse sie am liebsten totgebissen – und doch hatte sie recht.

Mutter Krabbe und ihr Kind

Eine alte Krabbe sah ihrem Kind zu, wie es am Strand spielte. »Aber, mein Sohn!, warum läufst du immer seitwärts? Du solltest doch geradeaus gehn!«, rief sie ihm plötzlich zu. »Sollte ich?«, antwortete die junge Krabbe. »Dann bitte, Mutter, zeige es mir! Ich will es dir gerne nachmachen.« Würdevoll machte die alte Krabbe sich daran, ihrem Sohn Unterricht zu geben. Aber siehe – sie selbst konnte nicht gerade laufen; immer wieder trugen ihre Beine sie seitwärts davon! Da sah sie ein, wie falsch es war, ihr Kind über eine Krabben-Eigenschaft zu tadeln, die es von seiner Mutter geerbt hatte.

Das missglückte Festmahl

Ein reicher Mann lud seine Bekannten zu einem Schmaus ein. »Das ist eine gute Gelegenheit, dass auch ich meinen Freund zu mir bitte«, meinte sein Hund. So ging er denn zu einem Pudel in der Nachbarschaft und sagte: »Bei uns wird ein großes Festmahl hergerichtet –, komm und speise heute Abend mit mir!«

Der eingeladene Pudel hatte nichts Eiligeres zu tun, als bei anderen Hunden damit zu prahlen. »Wenn ich nach Hause komme, werde ich euch erzählen, was ich alles vorgesetzt bekam«, versicherte er ihnen spöttisch. Schon sehr frühzeitig traf er im Haus seines Kameraden ein. Entzückt über den Bratengeruch wedelte er mit dem Schwanz. »Wie wundervoll!«, dachte er, »heute Abend will ich so viel fressen, dass ich für zwei, drei Tage gesättigt bin.« – Und um genug zu erwischen, schlich er sich jetzt schon in die Küche.

Der Koch jedoch, der ohnehin durch die Arbeit und Hitze schon sehr aufgeregt war, wurde wütend über den fremden Hund, der ihm im Weg umging. Er packte ihn bei den Hinterbeinen und warf ihn zum Fenster hinaus.

Der arme eingeladene Pudel tat einen schlimmen Fall; heulend vor Schmerz und Enttäuschung humpelte er nach Hause. Aber, o weh, die anderen Hunde erwarteten ihn auf der Straße.

»Wie siehst du aus? Was ist dir geschehn?«, bellten sie.

»Geschehn? – Ich komme doch vom Festmahl!«, antwortete der Pudel. »Aber der Wein war so gut –, ich trank so viel davon, dass mich meine Beine nicht mehr richtig tragen. Ich kann mich nicht einmal erinnern, auf welche Weise ich das Haus verlassen habe!«

Das Königreich des Löwen

Als der Löwe über die Tiere der Erde herrschte, war er nie grausam oder tyrannisch, sondern so sanft und gerecht, wie es sich für einen König geziemt. Während seiner Herrschaft berief er eine Hauptversammlung der Tiere ein und erstellte einen Gesetzeskodex, nach dem alle in vollkommener Gleichheit und Harmonie leben sollten: der Wolf und das Lamm, der Tiger und der Hirsch, der Leopard und das Zicklein, der Hund und der Hase, alle sollten sie Seite an Seite in ungebrochenem Frieden und in Freundschaft leben. Der Hase sagte: »Oh, wie sehr habe ich mich nach diesem Tag gesehnt, an dem die Schwachen ohne Angst ihren Platz an der Seite der Starken einnehmen!«

Die Eule und die Vögel

Es ist sehr lange her – da entdeckte die Eule die ersten Mistelpflanzen mit ihren klebrigen Beeren an einer Eiche. »Oh«, rief sie, »ihr Vögel, rottet diesen Schmarotzer aus! Er wird sich im Umsehen über alle Bäume verbreiten; und wenn es viele solche Beeren gibt, werden die Menschen einen Leim davon kochen, einen Vogelleim, um euch zu fangen!«

Die Vögel jedoch kümmerten sich nicht um ihre Warnung.

Nicht lange danach sah die Eule den ersten Flachs. Außer sich schrie sie abermals: »Ihr Vögel, ihr Vögel! Wenn ein solches Feld hier gesät wird, dann fresst sofort all diesen Samen auf! Denn sonst wird eine faserige Pflanze emporwachsen; und daraus werden die Menschen Netze machen, in denen ihr hängen bleiben sollt!« – »Wie du schwarz siehst!«, zwitscherten die Vögel und flogen davon. – Dann kam der erste Bogenschütze in den Wald. Während die Vögel ihn neugierig betrachteten, sträubte die Eule ihr Gefieder und jammerte: »Das ist euer Todfeind! Mit euern eigenen Federn beschwingt er seine Pfeile, um euch totzuschießen. Flieht, wenn er kommt! Und vernichtet sorgfältig jede Feder, die euch ausfällt!«

»Diese Eule ist verrückt!«, sagten die Vögel und machten sich lustig über sie. Es kam jedoch wirklich alles so, wie die Eule prophezeit hatte. Jetzt – da es zu spät war – wurde ihre Weisheit erkannt; und die Vögel nahmen sich vor, in Zukunft auf jedes ihrer Worte zu hören.

Die Eule aber sprach nicht mehr, sie zog sich in ihr Nest zurück. Träumerisch sitzt sie da und sinnt nach über die Torheit der Welt.

Arthur Rackham 1912

Der Affe und sein Kind

Jupiter kam einmal, begleitet von seinen Mitgöttern, zur Erde herab, denn er hatte den Tieren versprochen, ihre Nachkommen anzusehn und dem schönsten Jungen einen Preis zu geben.

Von allen Seiten strömten die Tiere herbei; und da wimmelte es von jungen Säugetieren, Vögeln und Fischen. Auch eine Äffin drängte sich zu den Göttern; stolz trug sie ihr Affenkind im Arm. Aber ach – was war es für ein nacktes, flachnasiges kleines Geschöpf! Als die Götter es sahen, brachen sie in ein lautes Gelächter aus.

Eng drückte die Affenmutter ihr verspottetes Kindchen an sich. »Lacht nur!«, sagte sie. »Überhaupt – Jupiter kann seinen Preis geben, wem er will! Ich brauche ihn nicht; ich werde mein Kleines doch immer am schönsten finden!«

Der vergrabene Schatz

Ein Weinbauer fühlte, dass er bald sterben müsse. Da rief er seine Söhne zu sich und sprach: »Meine lieben Kinder! Ehe ich sterbe, will ich euch noch ein wichtiges Geheimnis anvertrauen. Nämlich – in meinem Weinberg ist ein Schatz vergraben; bemüht euch ihn zu finden!«

Sobald der Vater tot war, zogen die Söhne mit Hacke und Spaten in den Weinberg hinaus und gruben, in der Hoffnung den Schatz zu heben, mühsam den ganzen Boden um und um. Sie fanden aber nichts! In diesem Herbst jedoch brachten die Reben, da ihre Erde so gründlich bearbeitet worden war, eine so reiche Ernte, wie sie nie vorher gesehen worden war.

»Oh«, sagten die Söhne, »jetzt wissen wir, wo der Schatz liegt, den der Vater uns hinterlassen hat!«

Die Diebe und der Hahn

Zwei Diebe stahlen einen schönen Hahn, liefen mit ihm fort und wollten ihn braten.

»Gnade, Gnade!«, schrie der Hahn, »bringt mich nicht um! Ich bin ein sehr nützlicher Vogel, denn jeden Morgen wecke ich die ehrlichen Leute rechtzeitig zur Arbeit!«

»O ja, wir wissen, dass du das tust! Du störst uns oft genug und machst es uns noch schwerer unsern Unterhalt zu verdienen«, antworteten die Diebe. »Schnell in den Topf mit dir!« –

Die streitsüchtigen Brüder

Ein Mann hatte sechs Söhne, welche von morgens bis abends stritten. In Sorge darüber bemühte sich der Vater ein Mittel zu finden, sie von ihrem Laster zu heilen und ihnen klarzumachen, dass es besser sei in Frieden zu leben.

Eines Tages versammelte er alle um sich. Er reichte ihnen ein Bündel Hölzchen und forderte sie lächelnd auf es abzubrechen. Jeder von den Söhnen versuchte es mit aller Kraft, aber keinem gelang es.

Nun band der Vater das Bündel auf. Indem er ihnen die Hölzchen eines nach dem andern gab, sagte er: »Seht, wie leicht sie jetzt zu knicken sind! Ja, ja; auch ihr würdet, verbunden in Frieden, für eure Feinde ein unzerbrechliches Bündel Hölzer sein! Aber da ihr immer streitet, sodass jeder von euch vereinzelt steht, werden eure Widersacher bald diese Schwäche ausnutzen!«

Der Prahlfrosch

Ein Frosch füllte Töpfchen und Flaschen mit Schlamm, verließ seinen Sumpf und schrie in der Welt herum: »Der geschickteste aller Ärzte ist angekommen! Es gibt keine Krankheit, die ich nicht heilen kann!« Die Tiere scharten sich um seinen Stand; besonders die Gänse waren begierig, von seiner Salbe zu kaufen.

Da kam auch ein Fuchs herbei. Als er den hässlichen Frosch sah, fing er laut zu lachen an. »Du willst ein Doktor sein?«, rief er. »Kuriere zuerst deine eigenen verkrüppelten Beine und deine Warzen im Gesicht, du Prahlfrosch – ehe du dir anmaßt, anderer Leute Gebrechen heilen zu können!«

Die Maus, der Frosch und der Falke

Eine Maus und ein Frosch fanden so sehr Gefallen aneinander, dass sie sich ewige Freundschaft schwuren. Nie mehr wollten sie sich trennen! Sie nahmen ein Stück Bindfaden; und jedes band ein Ende an einem Fuß fest, sodass keines mehr das andere verlassen konnte.

Solange sie auf trockenem Land blieben, ging alles gut. »Oh, wie schön, dass wir so nahe beisammen sind!«, sagten sie. Aber, o Jammer – als sie an den Rand eines Teiches kamen, dachte der Frosch nicht daran, dass die Maus nicht im Wasser zu Hause war! Hupp – sprang er hinein! Die unglückliche Maus wurde mitgezogen. Sofort ertrank sie; und während der Frosch vergnügt herumschwamm, schleppte er die tote Maus hinter sich her.

Da stieß ein Falke herab. Er packte die Maus mit seinen Krallen; jetzt musste der Frosch, so viel er sich auch wehrte, mit in die Luft hinauf! Lachend verzehrte der Falke Maus und Frosch und den Bindfaden.

Der Esel in der Löwenhaut

Ein Esel ärgerte sich, dass er immer der Gutmütige sein musste, den niemand fürchtete. Es fügte sich, dass sein Herr einen Löwen schoss. Der Esel nahm sich das Fell, schlüpfte hinein und stürzte in diesem Gewand auf die Wiesen hinaus.

Hallo! – Menschen und Tiere – der Hund und selbst der Stier rannten entsetzt davon; der Strauß gebrauchte seine langen Beine – die Vögel flatterten ängstlich in der Luft! Der Esel platzte förmlich vor Freude über den Erfolg seiner Verkleidung; und da stieß er ein lautes Triumphgeschrei aus.

»Oh, du bist das?«, sagte ein Fuchs und blieb lachend sitzen, bis der Esel herankam. »Wie war ich erschrocken –, bis ich deine Stimme gehört habe – Esel, der du bist!«

Die Haselnüsse

Ein Feldarbeiter hatte seinen Wasserkrug mit Haselnüssen gefüllt. Da kam ein Junge herbei, der steckte seine Hand sogleich in den Krug und packte so viele Nüsse, als er fassen konnte. Jedoch der Hals des Kruges war sehr eng. Der Junge zerrte und riss, konnte aber die volle Hand nicht mehr herausbringen; und da er auch seine Nüsse nicht auslassen wollte, fing er an zu weinen.

»Ei, mein Junge!«, rief lachend der Arbeiter, der ihm zusah, wie er sich abmühte, »warum bist du so unbescheiden?! Nimm halb so viele Nüsse, dann bekommst du sie sicher, denn dann geht deine Hand leicht heraus!«

Das Maultier

Eines Morgens begann ein Maultier, das zu viel zu fressen und zu wenig zu tun hatte, sich für einen wahrhaft sehr feinen Kerl zu halten, lief umher und sagte: »Mein Vater war zweifellos ein temperamentvolles Pferd und ich gerate ganz nach ihm.« Doch schon bald darauf wurde es angeschirrt und musste, eine schwere Last hinter sich herziehend, einen sehr weiten Weg zurücklegen. Am Ende des Tages, erschöpft von den ungewöhnlichen Strapazen, sagte es niedergeschlagen zu sich selbst: »Ich muss mich in meinem Vater geirrt haben; er kann doch nur ein Esel gewesen sein.«

Der alte Löwe

Ein Löwe war alt und schwach geworden. Durch seine Kraft konnte er sich keine Nahrung mehr verschaffen, so musste die List ihm helfen. Er legte sich in seine Höhle und stellte sich krank. Wenn dann mitleidig eines der anderen Tiere kam, ihn zu besuchen, sprang er auf und brachte es um. Viele Tiere büßten auf diese Art ihr Leben ein.

Auch ein Fuchs wollte einmal nach dem Löwen sehn. »Wie fühlst du dich heute?«, rief er vorsichtig in die Höhle hinein.

»Sehr schlecht!«, jammerte der Löwe, »komm doch herein und unterhalte mich ein wenig!« – »Hm – ich denke, du musst doch schon große Gesellschaft bei dir haben«, antwortete der Fuchs, »denn es führen viele Fußspuren zu deiner Höhle – doch keine mehr zurück!« – Sprach's und ging.

Jupiter und die Schildkröte

Jupiter lud einmal alle Tiere zu einem großen Schmaus ein. Sehr erfreut darüber kamen sie alle, ausgenommen die Schildkröte; ihr Platz blieb leer.

Als nun Jupiter der Schildkröte das nächste Mal begegnete, fragte er sie: »Du warst wohl krank, dass du nicht zu meinem Fest erscheinen konntest?« – »Ach nein«, erwiderte die Schildkröte, »ich gehe nicht gerne aus. Zu Hause ist es immer am schönsten!«

Über diese Antwort war Jupiter sehr verärgert – und er sprach: »Gut denn –, von heute ab sollst du so fest mit deinem Haus verwachsen sein, dass du es nie mehr – und wenn du noch so gerne möchtest – verlassen kannst!« –

Die weiße Dohle

Eine Dohle sah öfters zu, wie reichlich die Tauben auf einem Bauernhof gefüttert wurden. »Sie bekommen das Futter hingestreut«, dachte sie neidisch, »während ich es mühsam suchen muss. Ich will lieber eine Taube werden!«

Was tat sie nun? Sie bemalte sich weiß von Kopf bis Fuß, glättete ihr Gefieder und mischte sich unter den Taubenschwarm. Vergnügt pickte sie die Körner auf. Die Tauben ließen sie ruhig gewähren, denn keine vermutete, dass dies ein fremder Vogel sei. So ging das einige Tage – bis die Dohle so unklug war, ihren Schnabel auftat und ihr Gekrächze hören ließ.

»Eine Dohle, eine verkleidete Dohle!«, schrien die Tauben wütend, stürzten auf sie zu und hätten sie unbarmherzig totgebissen, wenn es ihr nicht gelungen wäre zu entfliehn.

Reumütig kehrte die Dohle zu ihrer Sippe zurück. Jedoch die anderen Dohlen erkannten sie nicht mehr in ihrem weißen Kleid. Bösartig hackten sie auf den fremden Vogel los, sie duldeten nicht, dass er unter ihnen lebte. So wurde die weiße Dohle heimatlos und hatte es noch viel schwerer sich ihre Nahrung zu suchen.

Der Hund in der Krippe

Ein Hund hatte sich eine Krippe, in der schönes, duftendes Heu lag, zum Lager gewählt. Gerade als er sich recht gemütlich fühlte, kamen die Kühe nach Hause, denen das Heu gehörte, und wollten natürlich ihr Futter haben. Das ärgerte den Hund. Knurrend bewachte er die Krippe und schnappte, sobald die Kühe sich nähern wollten. »Was für ein selbstsüchtiger Geselle!«, rief eine Kuh empört. »Er selbst kann das Heu nicht fressen – da gönnt er es auch denen nicht, denen es schmeckt.«

Der Mann und der Löwe

Ein Mann und ein Löwe hatten Bekanntschaft gemacht und gingen zusammen spazieren. Während sie so dahinschritten, gerieten sie in einen Wortwechsel, denn jeder von ihnen behauptete, dem andern an Kraft und Mut überlegen zu sein. Schon wurden beide hitzig –; da erblickte der Mann ein Monument an der Straße. Es stellte einen Menschen dar, der einen Löwen erwürgte.

»Schau dieses an, mein Freund! Hier hast du den Beweis, dass wir stärker sind als ihr!«, rief triumphierend der Mann. »Ho, ho!«, brummte der Löwe, »du urteilst sehr rasch! Wenn wir Löwen Monumente errichten könnten, dann gäbe es sehr viele, auf denen der Mensch unterlegen wäre!«

Der Löwe und der Eber

An einem heißen Sommertag kamen ein Löwe und ein Eber gleichzeitig an eine Quelle, ihren Durst zu löschen. Sie stritten sich nun, wer von ihnen den Vorrang habe zuerst zu trinken. Ein böses Wort gab das andere, schließlich stürzten sie wütend aufeinander zu und kämpften auf Leben und Tod.

Sogleich flogen einige Geier herbei und setzten sich auf einen Felsen. Dieser Anblick brachte die Kämpfenden zur Besinnung. »Siehst du diese Vögel?«, rief der Eber, »sie warten schon, bis einer von uns tot ist, um den Leichnam zu zerreißen!«

»Wir tun besser daran, Freunde zu sein als Feinde und von den Geiern gefressen zu werden!«, sagte der Löwe.

Friedlich gingen sie an den Bach und tranken zusammen.

Der Walnussbaum

Ein Walnussbaum an der Landstraße hing jedes Jahr voll herrlicher Nüsse. Alle Leute, die vorbeikamen, wollten seine Nüsse haben. Sie warfen mit Steinen danach, schlugen mit Stöcken auf die Äste los, und nicht selten brachen sie sogar die Äste ab. »Ach«, seufzte der Walnussbaum, »es ist hart! Jeder Mensch ist über meine Früchte entzückt. Ich selbst aber werde nur gekränkt und geschlagen!«

Die Ochsen und die Radachsen

Ein Paar Ochsen zog einen schwer beladenen Wagen einen Berg hinauf. Sie plagten sich fürchterlich. Stumm zerrten sie an ihrem Joch, dass sie vor Anstrengung zitterten.

Bei jedem Schritt jedoch, den sie vorwärts kamen, krachten und kreischten die schlecht geölten Radachsen jämmerlich. Das kränkte die Ochsen sehr. Ungehalten sahen sie sich um und riefen: »He! Du da! Was machst du für ein Geschrei –, wenn wir doch alle Arbeit tun!«

Von Fröschen, die einen strengen König wollten

Es wohnte eine Anzahl Frösche in einem kleinen Sumpf, die waren sehr unzufrieden, dass sie niemanden hatten, der sie regierte. Höchst wichtig schickten sie Abgesandte zu

Jupiter und ließen ihn bitten, einen König für sie auszuwählen, denn sie seien ein gar mächtiges Volk geworden.

Jupiter lachte über diese törichte Bitte. Er warf einen großen Holzklotz in den Sumpf und sagte: »Hier ist euer König!«

Entsetzt über den »Platsch«, den der Klotz machte, als er ins Wasser fiel, flüchteten die Frösche sich tief in ihren Sumpf hinein. »Welch großer, starker Herrscher!«, quakten sie ehrfurchtsvoll.

Aber nach und nach, als sie sahen, dass der Klotz bewegungslos blieb, getraute sich einer nach dem andern näher an den König heran. Und als er sich dann immer noch nicht rührte, fühlten sie eine solche Verachtung gegen ihn, dass sie auf ihn hinaufkletterten und ihn mit Füßen traten.

»Jupiter, Jupiter!«, schrien sie, »nimm diesen klumpigen, hölzernen König wieder hinweg! Du hast uns verkannt! Gib uns einen strengen, mächtigen König, wie wir es verdienen!«

Jupiter hörte ihr Gequake. Es verdross ihn, von ein paar Fröschen so belästigt zu werden. Da sandte er ihnen einen Storch als König. Mit seiner Strenge konnten die Frösche zufrieden sein –, denn er fraß jeden seiner Untertanen, den er zu Gesicht bekam.

Die flugsüchtige Schildkröte

Eine Schildkröte sah lange den Vögeln zu, wie sie über ihr in den Lüften kreisten und fand es wundervoll, so frei dahinschweben zu können. Sie rief einen Adler herbei. »Sei so gut!«, bat sie, »und lehre mich das Fliegen!«

Lachend erwiderte der Adler, dies sei eine Unmöglichkeit, da die Natur sie nicht mit Flügeln und hohlen Knochen ausgestattet habe. Jedoch die Schildkröte ließ sich nicht überzeugen. »Es kommt doch nur darauf an, die Tragkraft der Luft kennenzulernen«, behauptete sie. Sie machte dem Adler große Versprechungen und plagte ihn so lange, bis dieser es für unfreundlich gehalten hätte, ihr nicht nachzugeben. Er trug sie also mit seinen Krallen hoch in die Luft empor; die Schildkröte zappelte dabei mit den Beinen, als flöge sie.

»Jetzt kenne ich die Kraft der Luft; jetzt lass mich allein fliegen!«, rief sie dem Adler zu. Da ließ er sie los. Es kam, wie es kommen musste: Sich überschlagend sauste die unglückliche Schildkröte zur Erde herunter und zerschellte auf dem harten Boden in tausend Stücke.

Die Dohle, die sich mit fremden Federn schmückte

Jupiter verkündete den Vögeln: »Erscheint, wenn die Sonne wieder aufgeht, vor mir! Ich will euch einen König bestimmen; und zwar soll der Schönste von euch euer Herrscher sein!«

Rufend und aufgeregt flogen die Vögel an das Ufer eines Flusses. Dort badeten und wuschen sie sich und glätteten ihr Gefieder so schön wie möglich. Lauernd sah eine Dohle diesem Getriebe zu. Sie wusste wohl, dass sie mit ihrem schwarzen, verschossenen Gefieder keine Aussicht hatte, König zu werden. Jedoch sie bemerkte auch die prächtigen blauen, roten und grünen Federn, die hier beim Putzen verloren gingen. Kaum waren nun die Vögel fortgeflogen, so pickte sie alle diese Federn auf und befestigte sie geschickt an ihrem eigenen Körper. In kurzer Zeit war die schwarze Dohle bunter und fröhlicher als irgendein anderer Vogel.

Am nächsten Morgen, als die Vögel an Jupiters Thron vorbeimarschierten, gefiel ihm die Dohle so sehr, dass er sie zum König wählte. Aber – o weh – alle anderen Vögel stürzten über diesen König her; im Nu hatten sie ihm seine gestohlenen Federn wieder ausgerissen! Zerzaust und hässlicher als je zuvor, saß die Dohle vor Jupiter und musste sein Gelächter über sich ergehen lassen.

Der vorsorgliche Eber

Ein Eber wetzte eifrig seine Hauer an einem Baumstamm im Wald. Ein Fuchs ging vorbei und fragte erstaunt: »Sage nur, warum mühst du dich so ab deine Waffen herzurichten? Es sind doch heute keine Jäger im Wald; und auch sonst kann ich nirgends einen Feind entdecken!«

»Sehr richtig«, antwortete der Eber, »aber es dürfte doch besser sein vorzusorgen. Wenn die Gefahr da ist, bleibt mir keine Zeit mehr, meine Zähne scharf zu machen!«

Der Fuchs ohne Schwanz

Ein Fuchs geriet mit seinem schönen, buschigen Schwanz in eine Falle. Lange quälte er sich freizukommen, musste aber schließlich einsehen, dass er sein Leben nur dadurch retten konnte, wenn er sich den Schwanz abbiss. Es tat sehr weh! Ach und dann – wie sah er aus? Sein Leben lang konnte er sich nicht mehr vor anderen Tieren blicken lassen, ohne verspottet zu werden. Wäre es da nicht besser gewesen zu sterben? Nein – er wollte versuchen, alle Füchse zu überzeugen, dass sie besser täten ihre Schwänze abzulegen, so würde auch er nicht mehr auffallen.

Kühn berief er eine Fuchsversammlung ein. »Seht mich an!«, predigte er, »als Erster von euch allen habe ich begriffen, dass der Schwanz ein unnützes, hässliches Anhängsel ist. Warum sollen wir es immer mit herumschleppen? Befreit euch auch davon – ihr werdet sehen, wie leicht ihr euch dann fühlt!« – »Oh!«, war die Antwort der anderen Füchse, »Bester, du bist sehr eifrig uns unsere Schwänze abzusprechen! Solltest du nicht den deinen unglücklicherweise verloren haben?«

Der Hund und der Schatten

Ein Hund überquerte eine Brücke über einen Bach mit einem Stück Fleisch im Maul, als er zufällig sein eigenes Spiegelbild im Wasser sah. Er glaubte, es sei ein anderer Hund mit einem doppelt so großen Stück Fleisch; also ließ er sein eigenes liegen und stürzte sich auf den anderen Hund, um das größere Stück zu bekommen. Aber natürlich bekam er keines von beiden, denn der eine war nur ein Schatten, und der andere wurde von der Strömung davongetragen.

Der Schiffbrüchige und das Meer

Ein Kaufmann fuhr mit seinem reich beladenen Schiff über das Meer. Jedoch ein furchtbarer Sturm vernichtete das Schiff. Nur dem Kaufmann selbst gelang es, nach einem schrecklichen Kampf mit den Wellen, den Strand zu erreichen.

Als er sich etwas erholt hatte, stellte er sich vor das Meer und schrie klagend: »Wie falsch bist du, o Meer! Glatt und lächelnd lockst du die Menschen an, auf dir zu reisen. Dann aber tobst und wütest du, bis das Schiff zerstört ist und die Segler getötet sind!«

Da reckten die Wellen sich schäumend empor und nahmen die riesige Gestalt eines Weibes an.

»Ich bin das Meer!«, sprach die Gestalt, »nicht mir können deine Vorwürfe gelten, unglücklicher Mann! Ruhig und sicher wie das Land möchte ich euch empfangen. Klage die Winde an! Sie fallen auf mich ein, mit ihren Seufzern und Stößen; sie peitschen mich auf zu der Wut, die euch zugrunde richtet!«

Der Fuchs und der Löwe

Ein Fuchs, welcher noch nie einen Löwen gesehen hatte, begegnete eines Tages diesem mächtigen Tier; entsetzt wich er zurück und bebte so vor Furcht, dass er fast gestorben wäre.

Nach einiger Zeit sah er den Löwen wieder. Da erschrak er zwar noch sehr, aber nicht mehr so stark wie das erste Mal. Und siehe – als der Fuchs den Löwen das dritte und vierte Mal sah, blieb er schon stehen ihn näher zu beobachten. Ja, schließlich fing er an mit ihm zu schwätzen, als hätte er ihn sein Leben lang gekannt.

Juno und der Pfau

Als der Pfau einmal die Nachtigall singen hörte, war er sehr ärgerlich, dass diese eine so schöne Stimme hatte, während er nur schreien konnte. Er flog sogleich zu Juno und bat sie, auch ihm eine Singstimme zu verleihen.

»Siehst du denn nicht, dass jedes seine besondere Gabe hat?«, antwortete Juno. »Bist du nicht prächtiger als die Nachtigall? Wenn ich dir jetzt die Stimme der Nachtigall schenken würde, dir aber dafür deine herrlichen Federn nähme, so kämst du morgen wieder ebenso unzufrieden zu mir wie heute!«

Der redliche Adler

Ein Mann fing einen Adler. Er stutzte ihm die Flügel und sperrte ihn dann in den Hühnerstall, mitten unter das zahme Geflügel. Trostlos flüchtete sich der Adler in eine dunkle Ecke, woselbst er tagelang saß und sehnsüchtig in die Weite starrte. Ein Nachbar, welcher vorbeikam, hatte Mitleid mit dem schönen Vogel. Er kaufte ihn, trug ihn nach Hause und ließ ihn frei im Garten leben.

Da – eines Tages entdeckte der Adler, dass er seine Flügel wieder gebrauchen konnte. Wahrhaftig, er konnte wieder hinauf in die herrliche Luft! Sogleich erjagte er einen Hasen, flog damit nach Hause zurück und legte ihn voll Dankbarkeit seinem Wohltäter als Geschenk vor die Füße.

Das hatte ein Fuchs gesehen. »Einfältiger, wie verschwendest du deine Gaben!«, rief er dem Adler zu. »Mache dir lieber den andern Mann zum Freunde, der dich gefangen und gequält hat! Vielleicht wird er dir dann, wenn er dich wieder erwischen sollte, die Flügel nicht mehr beschneiden!«

Der Esel und der Bauer

Ein alter Bauer saß am Waldesrand, während sein Esel neben ihm graste. Da plötzlich kamen einige Räuber durch den Wald herangeschlichen.

»Oh!«, schrie der Bauer und sprang auf, »schnell, mein lieber Esel –, lasse mich auf dir reiten und laufe, was du kannst! Sonst werden uns diese bösen Männer beide fangen!«

Faul sah sich der Esel um. »Werden sie mir noch schwerere Lasten zu tragen geben, als du es gewöhnlich tust?«, fragte er. »Wie soll ich das wissen?«, schrie sein Herr in Angst. »Nun also - mir ist es gleichgültig, ob sie mich fangen oder nicht«, antwortete der Esel, »schlechter als bei dir wird es mir bei ihnen auch nicht gehen!«

Der Löwe, der Bär und der Fuchs

Ein Löwe und ein Bär stritten sich um ein totes Lamm, denn jeder behauptete es zuerst gesehen zu haben. Dieser Streit artete in einen so heftigen Kampf aus, dass zum Schluss beide erschöpft und verwundet am Boden lagen.

Listig hatte ein Fuchs die ganze Zeit die Kämpfenden aus der Ferne beobachtet. Jetzt, als er sah, dass sie unfähig waren, sich zu rühren, sprang er herzu, ergriff das Lamm und machte sich damit aus dem Staub. Hilflos mussten der Löwe und der Bär sich das gefallen lassen. »Was nützt es uns, dass wir uns so geprügelt haben um das Lamm?«, sagten sie zueinander. »Hätten wir es geteilt, so hätte jeder von uns seinen Braten gehabt –; so hat ihn der Fuchs allein!«

Das Götzenbild

Ein Mann hatte ein hölzernes Götzenbild auf seinem Hausaltar aufgestellt und verrichtete täglich lange, inbrünstige Gebete davor, es möge ihn von seiner Armut erlösen. Er blieb jedoch arm, wie er war. Eines Tages nun, als er sich wieder sehr in Not befand, verlor er die Geduld. Wütend packte er das Götzenbild und schleuderte es mit solcher Kraft gegen die Wand, dass es zerbrach.

Da – was war das?! Klingend fielen eine Menge Goldstücke zu Boden; wahrhaftig, im Innern der Figur war ein Vermögen versteckt gewesen. Verblüfft stand der Mann vor dieser Überraschung. »Oh, du merkwürdiger Schelm!«, rief er aus. »Solange ich dich ehrte, brachtest du mir nichts Gutes –; kaum aber behandle ich dich schlecht – machst du mich zum reichen Mann!«

Herkules und der Fuhrmann

Ein Fuhrmann, der Eile gehabt hätte seine Waren abzuliefern, musste den Ärger erleben, dass sein schwer beladener Wagen im Schmutz der Landstraße stecken blieb. Keine Anstrengung der Pferde konnte ihn vorwärtsbringen. Händeringend stand der Fuhrmann dabei und rief schließlich Herkules um seine Hilfe an.

Da erschien der Gott ihm selbst. »Was stehst du da und schreist nach mir?«, fragte er. »Treibe dein Gespann mit Eifer an! – Stemme dich selbst gegen den Wagen, um die Pferde in ihrer Arbeit zu unterstützen! Aber, wenn du keinen Finger rührst, dir selbst zu helfen, kannst du nicht erwarten, dass Herkules oder irgendein anderer kommt, dir beizustehn!«

Vom Frosch, der so groß sein wollte wie ein Ochse

Zwei junge Fröschlein spielten am Ufer eines Teiches. Ein durstiger Ochse kam herbei, um zu trinken; er bemerkte die kleinen Frösche nicht und trat einen von ihnen tot.

Weinend schwamm das andere Fröschlein zu seinen Eltern. »Ach, Vater!«, schrie es, »eine riesengroße Kreatur, mit vier Beinen, kam an unsern Teich und stampfte meinen Bruder in den Grund!«

»Eine riesengroße Kreatur?«, fragte der alte Frosch und blies sich dabei auf, um so groß als möglich auszusehn, »war sie denn größer als dein Vater?«

»Viel, viel größer!«, quakte das Kind.

Nun blähte der Frosch sich noch mehr auf. »Wohl so groß?«, meinte er. »Ach, noch immer viel, viel größer!«, war die Antwort.

Da strengte der Frosch sich ungeheuer an. Er blähte und blähte sich, bis er fast so rund wie eine Kugel war. »So – groß?«, begann er – aber dabei platzte er.

Der Hirsch am Teich

Ein Hirsch kam an einen Teich, um zu trinken. Als er sich über das stille Wasser beugte, sah er zum ersten Mal sein Spiegelbild und blieb starr vor Bewunderung. Wie schön war sein breites, feinverzweigtes Geweih, einen stolzeren Schmuck konnte kein Tier besitzen! »Aber, was habe ich für dünne, schwache Beine!«, dachte er ärgerlich, »sie sind eine Schande für ein so starkes Tier!«

Während er noch so stand und sich selbst betrachtete, schlich ein Löwe herbei. Nun begann die Jagd. Schnell wie der Wind rannte der Hirsch über den offenen Grund. Bald blieb sein Verfolger weit zurück; schon freute sich der Hirsch entkommen zu sein. Aber – o Schreck – nun stand ihm dichtes Gebüsch im Weg! Kaum drang er hinein, da blieb sein Geweih an allen Ästen und Zweigen hängen; nur langsam kam er vorwärts, sodass der Löwe ihn einholte und niederschlug.

»Wehe mir!«, schrie der Hirsch mit seinem letzten Atemzug, »ich beschimpfte meine Beine, die mein Leben gerettet hätten – und bewunderte dieses Geweih, das mich dem Tode auslieferte!«

Der Bär

Ein Bär, ein Fuchs und eine Dohle hatten sich zu einer Unterhaltung zusammengefunden. »Wie viel großmütiger und feinfühlender bin ich doch als ihr andern Tiere!«, prahlte der Bär. »Wenn ich noch so hungrig bin, ich störe niemals die Ruhe der Toten.«

»Ganz richtig! An toten Tieren geht ein Bär vorbei, ohne sie anzurühren; ich habe das selbst schon gesehen«, meinte die Dohle.

Schmunzelnd stand der Fuchs dabei. »Es ist sehr erhebend, dich dein Loblied singen zu hören, lieber Bär«, fiel er ein, »aber glaubst du nicht, es wäre noch großmütiger, du würdest, wenn du hungrig bist, deine Aufmerksamkeit den Toten schenken und würdest die Lebenden ungeschoren lassen?«

A Rackham.

Der Wolf und die Mutter

Ein hungriger Wolf hörte das Schreien eines Kindes, und als er den Tönen nachging, kam er an eine Hütte am Waldesrand. »Bist du still! Willst du aufhören zu schreien?!«, hörte er die Mutter schelten, »augenblicklich hole ich den Wolf –; der wird dich fressen!« Erschreckt durch diese Drohung fing das Kind noch mehr zu schreien an, sodass der Wolf sich hocherfreut bereitstellte, den Braten entgegenzunehmen. Aber, o weh – er hatte sich getäuscht. Gar sanft tröstete jetzt die Mutter ihr Kind. »Nein, nein, mein Mäuschen, beruhige dich! Wenn der böse Wolf kommt, wird der Vater ihn totschlagen; mein Kleines soll er nie zu fressen kriegen!«

Empört stieß der Wolf ein Geheul aus. »Oh, dieses Menschenvolk!«, sagte er, »kein Wort, das sie sagen, kannst du glauben!«

Das wundertätige Götzenbild

Ein Mann stellte ein hölzernes Götzenbild am Markt zum Verkauf aus. »Ein Gott zu verkaufen!«, schrie er anpreisend aus, »seht, welch fein geschnitzter Gott! Es ist Merkur, der uns das Glück, bringt –, Merkur, der Reichtum spendet! Wer kann den Mut haben vorbeizugehen, ohne Merkur zu kaufen?«

Viele Menschen sammelten sich um den Schreier an. »Nun«, fragte ein Mann aus der Menge, »wenn dein Gott alles das kann, was du versprichst, warum behältst du ihn nicht selbst?«

»Oh, das will ich dir sogleich sagen!«, antwortete der Händler. »Er bringt Reichtum, das ist sicher, nur lässt er hie und da eine Zeit lang darauf warten. – Ich aber brauche augenblicklich Geld!«

Der Wolf und das Pferd

Ein Wolf kam auf seinen Streifzügen zu einem Haferfeld, aber da er ihn nicht fressen konnte, ging er weiter; da kam ein Pferd des Weges. »Sieh«, sagte der Wolf, »hier ist ein schönes Haferfeld. Dir zuliebe habe ich es unberührt gelassen, und ich werde mich am Geräusch deiner Zähne erfreuen, wenn sie das reife Korn zermahlen.« Das Pferd aber erwiderte: »Wenn Wölfe Hafer fressen könnten, mein Bester, würdest du wohl kaum deine Ohren auf Kosten deines Bauches verwöhnen.«

Der tapfere Soldat

Zwei Soldaten wurden einmal von Räubern überfallen. Einer der Soldaten lief eiligst davon und versteckte sich in der Nähe. Der andere aber stand seinen Mann, erschlug einige der Räuber und jagte die andern in die Flucht. Da, als alle Gefahr vorüber war, kam der Furchtsame zurückgerannt. Gar wild schwang er sein Schwert, indem er schrie: »Wo sind sie? Ich will ihnen nach –; sie sollen fühlen, mit wem sie es zu tun haben! Ha, nieder mit ihnen, und wenn sie ein Dutzend wären!«

»Stecke dein Schwert ruhig in die Scheide, wir haben keine Verwendung mehr dafür!«, erwiderte lachend der andere. »Du bist etwas spät daran, mein kühner Genosse! Jetzt magst du andern vorspiegeln, dass du tapfer wie ein Löwe bist –; ich hätte es dir geglaubt, wenn du vorhin an meiner Seite gestanden hättest!«

Der Wolf und der Löwe

Ein Wolf hatte ein Lamm gestohlen. Gerade, als er es verzehren wollte, kam ein Löwe, nahm ihm das Lamm weg und ging damit fort.

Der Wolf hatte nicht den Mut Widerstand zu leisten; erst als der Löwe in einiger Entfernung war, schrie er ihm zähnefletschend nach: »Du bist ein Dieb! Oder weißt du nicht, dass es verboten ist, das Eigentum anderer zu berühren?«

»Ha, ha!«, lachte der Löwe, »das Lamm war also wirklich das deine? Vielleicht das Geschenk eines Freundes – nicht?«

Das Wettrennen

Wie bist du langsam auf den Beinen, meine Liebe!«, lachte ein Hase spöttisch über eine Schildkröte; »wir beide täten gut, ein Rennen miteinander zu laufen.«

»Schön, es sei«, entgegnete die Schildkröte, »und ich wette, dass ich gewinne!« Äußerst belustigt über diese Bemerkung, ging der Hase auf die Wette ein. Ein Fuchs machte den Schiedsrichter und wählte die Bahn aus, die sie zu laufen hatten. »Eins, zwei, drei!«, zählte er. Da rannte der Hase so schnell dahin, dass er bald nichts mehr von der Schildkröte sah. »Ha!«, dachte er übermütig, »ich will der Schildkröte zeigen, dass ein Hase sogar Zeit hat sich hinzulegen und auszuruhn, wenn er mit ihr um die Wette läuft.« Breit legte er sich in die Sonne – und schlief ein.

Langsam und gleichmäßig wackelte währenddessen die Schildkröte auf ihrer Bahn dahin. Sie kam an dem schlafenden Hasen vorbei, und mit der Zeit erreichte sie das Ziel.

Nun wachte der Hase auf; noch immer siegesgewiss, sprang er in tollen Sätzen dem Ziel zu; aber – o weh – er musste erkennen, dass die Schildkröte das Rennen gewonnen hatte.

Der Adler und der Pfeil

Nach Beute ausspähend, saß ein Adler auf einem Felsen; da jagte ihm ein Jäger einen Pfeil durch die Brust. Sterbend sank der stolze Vogel nieder; sein letzter Blick fiel noch auf den Schaft des Pfeiles, welcher aus der Wunde hervorragte. »O grausames Geschick! Was muss ich sehen!«, stöhnte der

Adler. »Nicht genug, dass ich sterben muss; der Pfeil, der so sicher traf, war auch noch von einer Adlerfeder beschwingt!«

Der reiche Mann und der Lohgerber

Ein reicher, mächtiger Mann baute sich sein Schloss neben die Hütte eines Lohgerbers. Als er dann einzog, fand er den Geruch der Gerberei geradezu unerträglich. So ging er denn hin und sagte: »Der Gestank deiner getrockneten Felle ist keine Nachbarschaft für mich! Geh und suche dir einen anderen Platz!«

Der Gerber aber verzögerte seine Abreise von Tag zu Tag. So oft ihn der reiche Nachbar daran erinnerte, antwortete er, er sei gerade im Begriff, die Vorbereitungen zum Umzug zu treffen. Und das zog sich so lange hinaus, bis der Reiche sich allmählich an den Geruch gewöhnte und schließlich gar nicht mehr daran dachte, dass ein Gerber sein Nachbar war.

Die beiden Mütter

Eine Löwin und eine Füchsin begegneten sich; und – wie es Mütter so gerne tun – sie sprachen sogleich über ihre Kinder. Die Löwin konnte nicht genug erzählen, wie gut gewachsen ihr Junges sei, und welch goldblondes Fell es hätte.

»Ach, und mein Wurf ist wirklich eine Freude zu sehen«, unterbrach sie die Füchsin, »eines der Kleinen ist schöner und gesünder als das andere. Es ist doch ein Stolz solche Kinder zu haben! Aber«, fügte sie etwas spöttisch hinzu, »du hast, wie ich bemerkte, nie mehr als ein Junges?« Beleidigt wendete die Löwin sich ab. »Nein«, antwortete sie, »aber dieses eine ist – durch und durch ein Löwe!«

Die Katze und der Hahn

Die Hauskatze wusste wohl, dass es ihr verboten war, den Hahn anzugreifen. Da sie aber sehr hungrig war, vergaß sie, was sich für eine gute Katze schickt. »Du lästiges Tier«, schrie sie den Hahn an, »jeden frühen Morgen weckst du mit deinem Geschrei alle Leute aus dem Schlaf! Ich muss dich aus dem Weg schaffen!«

»Was fällt dir ein!«, verteidigte sich der Hahn, »ich habe die Pflicht zu krähen! Ohne mich wüsste niemand, wann er sein Tagewerk zu beginnen hat!« – »Das mag wahr sein oder nicht. Es ist den Leuten sicher gesünder, länger zu schlafen. Jedenfalls will ich mein Mittagessen haben!«, antwortete die Katze gereizt – und biss ihm den Hals ab.

Der Soldat und sein Pferd

Ein Soldat hatte sich ein gutes Pferd für den Krieg gekauft; und solange der Krieg dauerte, pflegte und fütterte er es sehr sorgfältig. »Denn«, sagte er sich, »dann wird es kräftig bleiben und mich bei jeder Gefahr mutig tragen.«

Aber als der Krieg aus war, war es auch mit seiner Sorgfalt vorbei. Das arme Pferd bekam kein gutes Wort mehr zu hören. Es musste die schwersten Lasten ziehen, eine feuchte Hütte war sein Stall und Stroh sein Futter.

Wie es nun das Unglück wollte, brach abermals ein Krieg aus. Ei, da wurde die Krippe plötzlich voll Hafer geschüttet. »Nun ziehn wir wieder zusammen hinaus, mein treuer Freund!«, sagte der Soldat schmeichelnd, als er dem Pferd Zaum und Sattel auflegte. Jedoch zu spät mit all der Freundlichkeit! Das misshandelte Tier konnte seinen Herrn nicht mehr tragen, sondern brach unter ihm zusammen.

»Du musst dieses Mal zu Fuß in die Schlacht«, stöhnte es. »Durch harte Arbeit und schlechtes Futter all die Zeit her hast du mich von einem Pferd in einen Esel verwandelt. Jetzt kannst du nicht erwarten, dass ein paar gute Stunden mich wieder zu einem Pferd machen!«

Der Löwe und das Wildschwein

Wir wollen zusammen auf die Jagd gehen«, schlug der Löwe dem Wildschwein vor, »du bist mir an Geschwindigkeit überlegen, so kannst du dem Wild nachrennen und es stellen, bis ich dann mit meiner Kraft komme und es töte. Wir werden auf diese Weise reiche Beute machen.«

Als der Abend kam, zeigte es sich, dass der Löwe gut gedacht hatte, sie hatten Vorrat für acht Tage erlegt. Erfreut teilte der Löwe die Beute in drei gleiche Teile.

»Warum machst du drei Teile?«, fragte erstaunt das abgehetzte Wildschwein. »Der erste gehört mir, weil ich König der Tiere bin«, entgegnete der Löwe kurz, »der zweite auch, denn ich war doch dein Jagdgefährte!«

»Gut«, seufzte das Wildschwein, »ich will mit einem Drittel zufrieden sein.«

»Zufrieden sein?«, lachte der Löwe grimmig, »ich würde dir im Gegenteil raten, dich so schnell wie möglich davonzumachen und den dritten Teil ebenfalls mir zu lassen – es könnte dir sonst sehr schlecht bekommen!«

Die drei Stiere

Drei Stiere grasten friedlich zusammen auf einer Wiese. Dies ärgerte einen Löwen sehr, denn er wusste wohl, dass er den drei Freunden, solange sie so nahe beieinander lebten, nicht beikommen konnte. Da fing er an, mit spöttischen Anspielungen und falschen Einflüsterungen Eifersucht und Unfrieden zwischen den Freunden zu stiften. »Der graue Stier ist sehr schlau; er frisst die besten Kräuter weg!«, rief er, oder: »Der braune bildet sich wohl ein, etwas Besseres zu sein als ihr, dass er den Kopf so hoch trägt?« Auf diese Weise fuhr er fort, bis seine Kriegslist tatsächlich Erfolg hatte. Die Stiere wurden so böse aufeinander, dass sie sich trennten und jeder auf einer anderen Wiese sein Futter suchte. Nun hatte der Löwe leichtes Spiel seinen hungrigen Magen zu befriedigen.

Das Schaf, der Wolf und der Hirsch

Ein Hirsch bat ein Schaf, ihm ein Bündel Heu zu borgen. »Ich werde es sicher bald zurückbringen«, sagte er. »Sollte ich aber nicht fähig sein, so steht mein Freund, der Wolf, gut dafür, dass dein Herr sein Heu wiederbekommt!«

Glücklicherweise verstand das Schaf, dass es betrogen werden sollte. »Leider kann ich deine Bitte nicht erfüllen«, blökte es, »der Wolf ist in dem Ruf, dass er alles nimmt, ohne es zu bezahlen, denn er hat scharfe Zähne sich zu wehren. Und du hast sehr schnelle Beine; du wirst so weit fortlaufen, dass ich dich nicht auffinden kann! Wie soll ich also gegen euch aufkommen, wenn mein Herr sein Heu zurückverlangt?«

Der Löwe, der Fuchs und der Esel

Ein Löwe, ein Fuchs und ein Esel gingen gemeinsam auf die Jagd. Bald hatten sie große Beute gemacht, und der Löwe bat den Esel, sie unter ihnen aufzuteilen. Der Esel teilte alles in drei gleiche Teile und bat die anderen bescheiden, ihre Wahl zu treffen, worauf der Löwe sich, rasend vor Wut, auf den Esel stürzte und ihn in Stücke riss. Dann starrte er den Fuchs an und forderte ihn auf, eine neue Teilung vorzunehmen. Der Fuchs sammelte fast alles auf einem großen Haufen für den Löwen, und ließ für sich selbst nur den kleinstmöglichen Bissen übrig. »Mein lieber Freund«, sagte der Löwe, »wie ist es dir gelungen, das so geschickt zu meistern?« Der Fuchs antwortete: »Ach, ich habe vom Esel gelernt.«

Das Pferd und der Reiter

Ein junger Mann bildete sich viel darauf ein, der beste Reiter zu sein. Kühn bestieg er ein feuriges junges Pferd, welches noch nie geritten war, mit der Behauptung, es zähmen zu können. Kaum aber fühlte das Pferd sein Gewicht im Sattel, da brannte es durch; wild raste es auf der Landstraße dahin, und nichts konnte es aufhalten.

Ein Freund des jungen Mannes kam gerade die Landstraße gegangen. Erschrocken blieb er stehn und rief: »Wohin – wohin in solcher Eile?«

Verzweifelt zeigte der Reiter auf das Pferd. »Ich weiß es nicht – frage es!«, antwortete er.

Die Ochsen und die Schlächter

Schon seit langer Zeit hatte sich unter den Ochsen eine furchtbare Erbitterung gegen die Schlächter angesammelt. Als nun eines Tages viele Ochsen beisammen waren, verschworen sie sich, gemeinschaftlich über diese Schlächter-Menschen herzufallen und sie alle zu töten.

Noch berieten sie, wie sie diesen Plan am besten ausführen könnten, da unterbrach sie ein alter Ochse, der bis jetzt kopfschüttelnd zugehört hatte, indem er sagte: »Meine lieben Brüder – es ist wahr, wir haben guten Grund die Schlächter zu hassen. Nur eines, bitte ich euch, zu bedenken! Sie verstehen ihr Handwerk; sie tun, was sie tun müssen, ohne uns unnötige Qual zu verursachen. Ich fürchte nun, dass, wenn auch alle Schlächter getötet sind, die anderen Menschen doch nicht auf ihr Ochsenfleisch verzichten werden. Es werden uns also andere, ungeschickte töten müssen – und wir werden große Leiden zu ertragen haben.«

Dies sahen die Ochsen ein und gingen traurig auseinander.

Der alte Hund

Ein alter Hund, der viele Jahre hindurch seinem Herrn treu bei den Jagden gedient hatte, lag müde in der Sonne. Jedoch er musste auch heute mit in den Wald hinaus. Bald kam ihnen ein mächtiges Wildschwein in den Weg. Der gute Hund verfolgte es; aber – o weh – er konnte es nicht mehr verwunden, seine Zähne waren zu stumpf geworden. Mühelos schüttelte das Wildschwein ihn ab und entfloh.

Schimpfend kam sein Herr gelaufen. »Ein rechter Jagdhund, der ein Schwein nicht halten kann!«, schnaubte er, »du bist nicht mehr wert, als aus dem Weg geräumt zu werden!«

Traurig winselte der Hund: »Mein Wille war gut, wie immer; aber mein Körper kann nicht mehr! Denke an die vielen Schweine, die ich schon erlegt habe! Denke an das, was ich war, mein Herr! –, und tadle mich nicht für das, was ich jetzt bin!«

Der Löwe, der Fuchs und die Maus

Lang ausgestreckt schlief ein Löwe am Eingang seiner Höhle, während ein Fuchs bei ihm Wache hielt. Da lief eine Maus dem Löwen über den Rücken, und das kitzelte ihn so sehr, dass er brüllend aufsprang und grimmig nach dem kleinen Feind ausschaute.

»Nun«, lachte hämisch der Fuchs, »beruhige dich! Es ist mir neu, dass ein Löwe in solche Angst vor einer Maus gerät!«

»Angst«, brummte der Löwe, »du täuschst dich; es ist das schlechte Benehmen dieses Tieres, was mich so aufgebracht hat.«

Die zwei Töpfe

Die Mutter hatte dem Kind erlaubt zwei zerbrochene Töpfe in den Fluss zu werfen; der eine war von Porzellan, der andere von Kupfer. Und das Kind war sehr erstaunt die beiden Töpfe also sprechen zu hören: »Bleibe ganz in meiner Nähe!«, rief der kupferne Topf dem feinen Porzellan zu, »dann wirst du neben mir zum Liegen kommen, sodass ich dich immer beschützen kann!«

Dankend verneigte sich der andere Topf. »Du bist sehr freundlich!«, erwiderte er, »aber ich bitte dich, mir auf keine Weise zu nahe zu kommen! Es ist gerade deine Freundschaft, die ich fürchte; denn eine Berührung von dir – wird mich in tausend Stücke brechen!«

Der Trompeter

Es war Kriegszeit. Ein Trompeter marschierte in der Vorhut der Armee; er blies und blies ein Kriegslied nach dem

andern und stachelte durch diese Töne seine Kameraden zu wahrer Kampflust auf.

Da wurde der Trompeter während der Schlacht gefangen genommen. »Verurteilt mich nicht zum Tode!«, bat er auf seinen Knien. »Ich bin ein armer Trompeter und habe nicht einen von den Euern umgebracht. Seht nur, ich habe keine Waffen bei mir getragen, nur diese Trompete, das ist alles!«

Wild entrissen ihm die feindlichen Soldaten die Trompete. »Zehn Soldaten richten weniger Schaden unter uns an, als du es tust!«, antworteten sie. »Du hast nicht selbst gekämpft, das wissen wir; aber du hast Hunderte aufgehetzt es zu tun –; und deshalb musst du sterben!«

Der Hanswurst und der Bauer

Ein Hanswurst machte auf einem Jahrmarkt den Leuten ein Kunststück vor, das großen Beifall fand. Er quiekte und schrie, dass alle Zuhörer glaubten, er müsse ein Ferkel in der Tasche versteckt haben; jedoch er kehrte alle seine Taschen um – sie waren leer.

»Ich habe schon gewusst, dass du kein Schweinchen bei dir hast, denn wer die Schweinchen kennt, der weiß, dass sie ganz anders schreien«, sagte ein Bauer und wollte gehen. Das aber hatte den Hanswurst sehr aufgebracht. »Nun denn«, schrie er, »dann mache du es besser als ich! Ich will dir zehn Goldstücke geben, wenn es dir gelingt!«

Alle Leute lachten das Bäuerlein aus. Das aber ging ruhig in die Mitte des Kreises, wo der Hanswurst stand; und – schon hörte man ein Ferkel kläglich schreien.

Die Zuschauer jedoch waren nicht zufrieden. »Was soll das?«, riefen sie, »du dummer Bauer, das ist nichts; der Hanswurst machte es viel besser als du!«

Herrje – da zog der Bauer ein wirkliches Ferkel aus seiner Tasche hervor. »Gut«, sagte er, »so schreit ein Hanswurst natürlicher als ein Schwein selbst!«

Der Prophet

An einer Straßenecke saß ein Mann, der rühmte sich ein Prophet zu sein. »Ich kann jedermanns Schicksal voraussagen«, behauptete er; und wirklich standen viele Leute um ihn herum, die ihn um seine Dienste baten.

Plötzlich kam ein Knabe gerannt. »Oh!«, schrie er schon von ferne, »komm schnell! Räuber sind in dein Haus gedrungen; alles, was dein war, ist dir gestohlen!«

Erbleichend sprang der Prophet von seinem Sitz auf. Verzweifelt raufte er sich das Haar und klagte Weh und Jammer über sein Schicksal. »Ei«, sagte ein Mann zu den Umstehenden, »unser Freund hat behauptet, er könne uns unsere Zukunft enthüllen; aber, es scheint, er war nicht weise genug vorauszusehen, was ihm selbst zustoßen wird!«

Der Hund und der Hase

Ein junger Hund stöberte einen Hasen auf. Er begriff noch nicht, was er vor sich hatte. Ungeschickt tappte er mit seinen großen Pfoten auf den Hasen zu und zwickte ihn in das Ohr. Dabei machte er aber ganz die Miene, als wollte er auf die lustigste Weise mit ihm scherzen. Der Hase konnte über dieses Benehmen keine klare Meinung fassen. Endlich sagte er: »Nun – was ist mit dir? Zeige mir gefälligst, was dein wirklicher Charakter ist! Denn, wenn du mein Freund bist, warum beißt du mich dann; oder, wenn du mein Feind bist, warum willst du dann mit mir spielen?«

Der Wolf und der Kranich

Ein Wolf hatte zu gierig gefressen, sodass ihm ein Knochen im Halse stecken blieb. Schon war er nahe daran zu ersticken. Da kam hilfsbereit ein Kranich herzu, steckte seinen langen Schnabel in den Rachen des Wolfes und brachte den Knochen wirklich heraus.

Arthur Rackham. 1912.

»Wie angenehm!«, sagte der Wolf, als er wieder Atem schöpfen konnte.

»Du siehst, ich habe dir das Leben gerettet«, meinte der Kranich, »nun bin ich neugierig, was du mir zum Lohn geben wirst!« – Bös zeigte der Wolf seine Zähne. »Zum Lohn?«, schnappte er. »Du kannst umhergehen und dich rühmen, dass du deinen Kopf in mein Maul legen durftest – ohne dass er dir abgebissen wurde! Ist dir das nicht genug – he?!«

Die Lerche

Tief im Kornfeld versteckt hatte eine Lerche ihr Nest gebaut. Da ging eines Tages der Bauer sein Feld entlang, musterte die Ähren und sagte vor sich hin: »Das Korn ist reif. Ich muss meine Nachbarn bitten, dass sie mir helfen es zu schneiden!«

Diese Worte hörten vier junge Lerchen, welche im Nest lagen. Oh, wie erschraken sie! »Mutter, Mutter!«, schrien sie, »wir müssen sterben! Das Feld soll schon gemäht werden und wir können noch nicht fliegen!«

»Beruhigt euch!«, antwortete die alte Lerche, »noch ist keine Gefahr! Solange der Mann von der Hilfe seiner Freunde spricht, kann er die Arbeit nicht dringend finden.«

Aber von diesem Tage an mussten die jungen Lerchen fleißig das Fliegen üben.

Und siehe, da kam der Bauer wieder sein Feld besehen. Schon war das Getreide an manchen Stellen überreif, sodass die Körner aus den Hülsen fielen.

»Ich kann nicht mehr länger warten«, seufzte der Bauer, »noch heute muss ich Knechte dingen und sie an die Arbeit schicken.« Da schrie die Lerche eiligst ihren Jungen zu: »Meine Kinder, meine Kinder, macht euch bereit! Wir müssen noch heute das Nest verlassen! Denn jetzt hat er es aufgegeben auf seine Freunde zu bauen, jetzt will er die Arbeit selbst in die Hand nehmen; das ist schlimm für uns!«

Die Stadtmaus und die Feldmaus

Eine Feldmaus lud eines Tages ihre Freundin, die Stadtmaus, ein, sie zu besuchen. Es gefiel der Stadtmaus sehr gut, auf den Feldern herumzulaufen, natürlich aber wurde sie, da sie es nicht gewöhnt war, sehr bald müde und hungrig. Nun setzte ihr die Feldmaus das Beste vor, was sie hatte: Gerstenkorn und frische Wurzeln.

»Oh, wie schmecken diese Wurzeln nach Erde; und wie trocken sind diese Körner!«, seufzte die Stadtmaus. »Meine arme Freundin, du führst ein karges Leben! Das soll nicht weiter so sein! Noch heute ziehst du zu mir in die Stadt. Ich verspreche dir, du wirst schwelgen in all den Herrlichkeiten, die ich dir bieten kann!« Sogleich brachen sie auf und erreichten bald die Wohnung der Stadtmaus – eine Speisekammer. Oh, da fanden sich Mehl und Hafer, Zucker und Feigen, Speck und Schinken in Hülle und Fülle! Die Feldmaus hatte nie etwas Ähnliches gesehn! Überaus vergnügt rief sie aus: »Du hast recht; diesen wundervollen Ort werde ich nie mehr verlassen!«

Gerade, als sie dann begonnen hatten, den leckeren Speck zu benagen, kam die Köchin in die Speisekammer. Husch, entflohen die Mäuse in ein dunkles, enges Loch. So ging es nun den ganzen Tag – heraus an die Speisen – zurück in das Loch. Kaum fraßen sie, kam jemand herein und störte sie.

»Nachts wird es ganz ruhig werden«, tröstete die Stadtmaus die ungeduldige Gefährtin. Jedoch es kam anders. Die Köchin sperrte eine Katze in die Speisekammer. Die ganze Nacht drückten sich die beiden Mäuse vor Angst zitternd tief in das enge Loch hinein.

Endlich kam der Morgen. »Ich danke dir, aber ich habe genug!«, sagte die Feldmaus zur Stadtmaus. »Du lebst im Überfluss, das habe ich gesehn; doch, welchen Gefahren bist du dadurch ausgesetzt! Ich ziehe es vor, mein einfaches Essen zu Hause in Ruhe und Freiheit zu genießen!«, und, ohne den guten Dingen noch einen Blick zu schenken, lief sie davon.

Die niederträchtige Nachbarin

In einem Wald stand ein hoher Baum. Ganz oben in seinen Ästen hatte sich ein Adler sein Nest gebaut. In halber Höhe des Stammes in einer Höhlung hatte eine Katze mit ihrer Familie Wohnung genommen; und ein Wildschwein hatte sich zwischen den Wurzeln ein Loch gegraben, worin es mit seinen Jungen hauste. Alle drei Familien fühlten sich wohl; ja, der Adler und das Wildschwein fanden, dass es sehr angenehm sei, so liebe Nachbarschaft zu haben.

Jedoch die Katze war ein böses, verschlagenes Tier. Da sie gut klettern konnte, stattete sie sowohl dem Adler als auch dem Wildschwein fleißig Besuche ab. »Ach«, flüsterte sie dem Adler zu, »ich bin in solcher Angst! Hast du nicht bemerkt, wie das Wildschwein dort unten in seiner Höhle bei den Wurzeln scharrt und gräbt? Ich weiß, es hat die Absicht den Baum zu stürzen, denn es ist gierig unsere Kinder zu fressen!«

Beim Wildschwein aber sagte sie: »Ich warne dich, hüte dich vor dem Vogel dort oben! Erlaube keinem deiner Ferkelchen aus der Höhle zu gehen! Er wird sofort herunterstoßen und es töten; denn seine nimmersatten Jungen fressen gerne Schweinefleisch!« – Auf diese Weise brachte sie es mit der Zeit dazu, den Adler und das Wildschwein in fürchterliche Angst zu jagen. Oben im Nest schrien die kleinen Vögel vor Hunger – unten in der Höhle quieksten die Schweinchen. Was half es ihnen? Ihre Mütter hatten nicht mehr den Mut, um Nahrung auszugehen, denn sie waren überzeugt, kaum verlassen, müssten ihre Jungen dem Nachbarn zur Beute werden. So mussten bald alle zusammen Hungers sterben.

»Endlich!«, sagte die niederträchtige Katze, ging hin und holte die toten Vögel und Schweine als Futter für ihre heranwachsende Familie.

Das Schlachtpferd und der Müller

Ein Pferd, welches von einem vornehmen Herrn in manchen Schlachten geritten worden war, wurde zu alt zu diesem Dienst. So wurde es an einen Müller verkauft. Es wurde an einen Balken angespannt und musste den ganzen Tag im Kreis herumgehn, um den schweren Stein zu drehn, der das Korn mahlte.

»Ach«, seufzte es, »Müller, weißt du denn, wen du vor dir hast? Ich war bis jetzt ein stolzes Schlachtross! Ich wurde von einem Jungen bedient, dessen einzige Pflicht es war, nach meinen Wünschen zu sehn; und noch höre ich den Klang der Trommeln, der mich zum Kampf rief! Wie kannst du also von mir diese schwere, gemeine Arbeit verlangen?«

»Es ist besser, du denkst nicht an deine Vergangenheit, sondern an deine jetzige Pflicht«, erwiderte der Müller mit scharfer Stimme. »Das Glücksrad dreht sich auf und ab; du musst die Tage nehmen, wie sie kommen!«

Venus und die Katze

Es war einmal eine Katze, die hatte einen sehr guten Herrn. Als sie nun hörte, dass dieser Herr gerne heiraten möchte, da wurde sie sehr eifersüchtig. Sie heulte und sang zu den Wolken hinauf, hinter denen, wie sie wusste, die Göttin Venus wohnte, Venus möchte ihr den heißen Wunsch erfüllen und sie in ein Mädchen verwandeln.

Und tatsächlich – aus der Katze wurde ein schönes Mädchen. Der Mann sah es, besann sich nicht lange und nahm es zum Weibe. So lebten sie einige Wochen vergnügt zusammen.

Da dachte Venus: »Ich will die Frau auf die Probe stellen, ob sie mit ihrem Fell auch die Gewohnheiten einer Katze abgelegt hat; und ob sie wirklich wert ist eine Menschenfrau zu sein!«

So ließ sie, gerade als Mann und Frau schlafen gegangen waren, eine Maus durch die Stube laufen. Kaum hatte die junge Frau die Maus gesehn, vergaß sie alles. Fauchend, mit sprühenden Augen sprang sie aus dem Bett und war wie der Blitz hinter der Maus her. Das missfiel dem Mann sehr; noch mehr missfiel es der Göttin. Sie verwandelte die Frau wieder in das zurück, was sie wirklich war – eine Katze.

Der verfolgte Hase

Ein Hund, der mit seinem Herrn spazieren ging, trieb in einer Wiese einen Hasen auf. Kläffend raste er hinter dem Hasen her; aber siehe – plötzlich gab er die Jagd auf und kehrte zu seinem Herrn zurück. »Was bist du für ein Schwächling!«, spottete sein Herr, »so ein kleiner Hase; und dein Atem reicht nicht aus ihn zu fangen!« – »Du vergisst die Hauptsache!«, antwortete schlagfertig der Hund. »Es ist etwas ganz anderes, um ein Frühstück zu laufen – als um das Leben!«

Der gezähmte Wolf

Ein Hirte fand einen jungen Wolf, welcher nahe am Verhungern war. Mitleidig nahm er das mollige Tierchen mit nach Hause und zog es auf. Es wurde so anhänglich, dass der Hirte es ruhig mit auf die Weide nahm. Ja, schließlich, als der Hirte sich mehrmals überzeugt hatte, wie sanft der Wolf mit den Schafen umging, verkaufte er seinen Hund und übergab dem Wolf die Aufsicht über die Herde.

Eines Tages kam ein Bote, der den Hirten in die Stadt abrief. »Meine Schafe sind besser behütet, als wenn ich drei Hunde hielte!«, dachte der Hirte. Unbesorgt ging er mit in die Stadt.

Aber – o weh – als er zurückkehrte, da fand er viele seiner Schafe zerrissen; und er sah noch den Wolf, wie er mit blutigem Maul in den Wald entfloh! Laut weinend stand der Hirte vor der Verwüstung. Zu spät sah er ein, dass er niemals einem Wolf seine Herde hätte anvertrauen dürfen.

Die beiden Hähne

Auf einem Bauernhof lebten zu gleicher Zeit zwei Hähne. Einer von ihnen musste den Platz räumen, das wussten sie; denn es gibt keinen Hahn, der die Herrschaft über den Hühnerhof mit einem andern teilen möchte. Es gab einen fürchterlichen Kampf, der damit endete, dass der kleinere Hahn verwundet und zerzaust die Flucht ergriff. Ha, da flog der Sieger auf das Dach des Stalles. »Ich herrsche hier allein, ihr Hühner!«, krähte er, so laut er konnte, über den Hof hin.

Oben in den Wolken kreiste jedoch ein Falke. Sofort stieß er herab, packte den Hahn und trug ihn fort.

Hocherfreut sah der andere Hahn diesem Raub zu. Sorgfältig glättete er seine zerzausten Federn; sodann lief er zu den Hühnern und trat seine Regierung an.

Die Maus und der Stier

Ein Stier suchte sich Kräuter auf einer Wiese. Wie er so, den Kopf zur Erde gesenkt, dahinging, sprang eine Maus herzu und biss ihn in die Nase.

»Dich werde ich umbringen!«, schrie der Stier. »Nun denn, fange mich!«, lachte die Maus, schlüpfte flink in ein Loch in der Erde und war verschwunden. Wütend wühlte der Stier mit seinen Hörnern in der Erde, er stieß und stieß – so lange, bis er atemlos vor Anstrengung zu Boden sank. Hupp – da fuhr die Maus wieder aus ihrem Loch heraus und biss ihn ärger als zuvor.

Das war zu viel! Brüllend sprang der Stier auf; er schäumte vor Wut und bearbeitete den Boden, dass rings um ihn die Erdschollen aufflogen. Aber was half es ihm, die Maus war längst wieder gut versteckt.

»Holla!«, piepste sie spöttisch, »überanstrenge dich nicht! Es nützt dir nichts. Ihr großen Burschen könnt nicht alles durchsetzen, was ihr wollt!

Hie und da sind wir Kleinen besser dran! Gleich komme ich wieder und beiße dich, wenn du noch weiter den Boden zerkratzt!«

Der Wolf und das Schaf

Ein Wolf war von Hunden angefallen und bös zugerichtet worden. Hilflos lag er da und war nahe daran, vor Hunger zu sterben. Da erblickte er ein Schaf. »Oh, meine liebe Freundin!«, rief er, »ich bin halb verdurstet. Willst du nicht so freundlich sein, mir etwas Wasser vom nahen Fluss zu bringen?«

Das Schaf jedoch war nicht dumm. »Guten Morgen!«, antwortete es, »ich verstehe sehr gut! Du denkst, wenn ich dir das Wasser bringe, hast du auch gleich den Braten dazu – nicht wahr?!« Und lachend ging es weiter.

Der Fuchs und der Leopard

Ein Fuchs und ein Leopard stritten sich über ihr Aussehen, und jeder behauptete, der schönere von beiden zu sein. Der Leopard sagte: »Sieh dir mein raffiniertes Fell an, dem kannst du nichts entgegenhalten.« Aber der Fuchs antwortete: »Dein Fell mag raffiniert sein, aber mein Verstand ist noch raffinierter.«

Die Eule und die Grille

In einem hohlen Baum lebte eine Eule. Wie alle Eulen hatte sie die Gewohnheit, nachts zu jagen und bei Tag zu schlafen. Jedoch ganz in der Nähe wohnte eine Grille, die zirpte den ganzen Tag, sodass die Eule kein Auge schließen konnte. »Ich bitte dich, nimm ein wenig Rücksicht auf mich! Gehe etwas weiter fort, wenn du singen willst!«, ersuchte der verzweifelte Vogel sie wiederholt.

»Was bildest du dir eine andere Lebensweise ein, als ich und andere Tiere sie haben?«, erwiderte die Grille schnippisch. Ja, sie zirpte jetzt noch lauter als zuvor.

Da beschloss die Eule sich auf andere Weise von dieser lästigen Nachbarschaft zu befreien. Ein paar Tage später rief sie der Grille zu: »Dein Gesang ist so süß, dass ich keine Lust habe zu schlafen. Ich bin so fröhlich! Komm zu mir; ich besitze einen Nektar, wie ihn die Götter nicht besser trinken können! Du singst und wir feiern ein Fest!« – Die Grille war entzückt über das Lob, das ihr zuteilwurde; und sie war sehr begierig das herrliche Getränk zu kosten. Vergnügt sprang sie den Ast entlang in das Nest der Eule.

»Ha«, lachte die Eule, zerdrückte sie mit ihren Krallen und fraß sie.

Der Hahn und der Edelstein

Ein Hahn, der auf der Suche nach etwas Essbarem im Boden scharrte, fand einen Edelstein, der zufällig dort hingefallen war. »Ho!« sagte er, »du bist zweifellos ein schönes Ding, und wenn dein Besitzer dich gefunden hätte, wäre seine Freude groß gewesen. Aber für mich?! Lieber ein einziges Korn als alle Edelsteine der Welt.«

Die Heuschrecke und die Ameisen

An einem sonnigen Wintertag trugen die Ameisen ihren Vorrat an Korn, welcher durch die lange Regenzeit feucht geworden war, zum Trocknen an die Sonne. Vom Duft des Getreides angelockt, kam eine Heuschrecke herzugesprungen und bettelte: »Ach, schenkt mir ein paar Körner, ich leide solche Not; und der Winter ist noch lang!«

Einen Augenblick hörten die geschäftigen Ameisen auf zu arbeiten. Sie musterten die Heuschrecke mit schiefen Blicken und fragten sie: »Ist es erlaubt nachzuforschen, was du den ganzen Sommer über getan hast? Woher kann es kommen, dass du keine Vorräte gesammelt hast?«

»Ich musste so viel singen; ich hatte keine Zeit an den Winter zu denken«, antwortete die Heuschrecke.

Verächtlich wandten die Ameisen sich wieder ihrer Arbeit zu. »So, so«, kicherten sie, »nun, wenn du den Sommer singend verbrachtest, so kannst du nichts Besseres tun, als im Winter zu tanzen! Aber störe ehrliche Leute nicht in ihrer Arbeit!«

Der faule Schuhflicker

Es lebte einmal ein Schuhflicker, der war so faul und arbeitete so schlecht, dass ihm niemand mehr Schuhe zum Ausbessern bringen wollte.

»Vom Hunger kann ich nicht leben«, sagte er zu sich selbst, »ich denke, es soll mir gelingen, auf leichte Weise Geld zu verdienen.«

Am nächsten Jahrmarkt erschien er mit vielen großen und kleinen Flaschen. »Kommt und kauft!«, schrie er. »Ich habe ein Heilmittel entdeckt, das vielen Menschen das Leben retten wird! Wer immer vergiftet ist – sei es, er habe Gift in den Magen gebracht, oder sei von einem Skorpion gebissen worden –, sobald er dieses Gegenmittel trinkt, ist er geheilt! In keinem Haus soll dieses Fläschchen fehlen!«

Die Leute standen und staunten; gar bald hatte er viele seiner Flaschen verkauft. Wie es sein wollte, kam auch der König vorbei. Er lächelte über das Geschrei des Schuhflickers und fasste sofort den Plan, den Mann auf die Wahrheit seiner Behauptungen zu prüfen. Er kaufte von dem Mittel, ließ einen Becher herbeibringen, in dem etwas Wasser war, und sagte: »Siehst du hier in diesem Becher die Flüssigkeit? – Das ist Gift. Ich schütte nun deinen Saft daran. Zeige uns also, wie wenig du Gift fürchtest – und trinke davon!«

Entsetzt wies der Schuhflicker den Becher zurück. Jammernd fiel er dem König zu Füßen und beichtete, dass er niemals ein Gegenmittel gegen Gift erfunden habe. Da wandte der König sich dem Volk zu: »Ich wünsche, dass der Mann für dieses Mal straflos ausgeht«, sagte er, »denn sicher verdient ihr mit eurer Torheit ebenso viel Strafe wie er! Ihr habt nicht gezögert einem Schuhflicker euer Leben anzuvertrauen – den ihr nicht für fähig hieltet eure Schuhe auszubessern!«

Die Fledermaus

Es gab eine Zeit, in der die Säugetiere und die Vögel erbitterte Feinde waren. Große Schlachten wurden zwischen ihnen geschlagen, und zwar mit wechselnden Erfolgen. Feige und unentschlossen entschied sich die Fledermaus für keine der Parteien. Jedoch, wenn sie bemerkte, dass die Vögel Vorteile im Kampf erzielten, so gesellte sie sich zu ihnen und schlug auf die Säugetiere los. Wenn es hingegen aussah, als wollten die Säugetiere Sieger sein, war sie in deren Reihen zu finden.

Das ging, solange die Feindschaft dauerte, und alle Tiere zu beschäftigt waren, sich mit der Fledermaus abzugeben. Dann aber wurde Frieden geschlossen. Jetzt wollten weder die Vögel noch die Säugetiere etwas von dem doppelten Verräter wissen. Wo die Fledermaus anklopfte, wurde sie mit Schimpf und Schande davongejagt. So blieb sie – bis heute – eine einsame Verbannte.

Der Landmann und die Giftschlange

Ein Landmann fand an einem Wintertag eine vor Kälte erstarrte Schlange. »Das arme Tier«, dachte er, nahm es auf und legte es an seine warme Brust. Aber siehe, kaum war die Schlange von der angenehmen Wärme wiederbelebt, biss sie um sich und hakte ihren Giftzahn mehrmals tief in die Brust ihres Wohltäters.

Der Landmann wusste wohl, dass er daran sterben müsse. Er schleuderte die Schlange auf den hartgefrorenen Boden und schrie: »Ich habe meinen Tod verdient! Denn – wie konnte ich Erbarmen haben mit dem niederträchtigsten aller Geschöpfe!«

Der Kahlkopf und die Mücke

Eine Mücke vergnügte sich auf dem Kopf eines Mannes, setzte sich auf seine Glatze und suchte dort nach etwas Blut. Ärgerlich wollte der Mann die Mücke töten, holte aus – und gab sich selbst einen festen Schlag auf den Kopf. Die Mücke jedoch war längst entflohen; summend spottete sie: »Du wolltest mich umbringen aus Strafe für einen kleinen Biss, nicht wahr? Wie willst du jetzt dich selbst bestrafen für die Prügel, die du dir gabst?« – »Oh!«, antwortete der Mann, »ich grolle mir keineswegs, dass ich mich geschlagen

habe; denn ich hatte nie vor, mir weh zu tun! Im Gegenteil – ich würde gerne viel mehr Schmerz ertragen, wenn ich dafür die Genugtuung hätte, dich ekelhaftes, bösartiges Tier erschlagen zu haben!«

Die Platane

Ein Mann und eine Frau wanderten an einem heißen Sommertag auf einer schattenlosen, staubigen Landstraße dahin. Endlich bemerkten sie etwas abseits im Feld eine mächtige Platane. Erfreut liefen sie darauf zu und warfen sich im kühlen Schatten des Baumes zu Boden. Noch nicht lange lagen sie da, zu den Ästen des Baumes emporschauend, da sagte die Frau: »Was für ein unnützer Baum doch so eine Platane ist! Sie trägt weder hübsche Blüten, noch essbare Früchte!« »Ja«, fügte der Mann hinzu, »sie verdient nichts als gefällt zu werden, damit wir wenigstens ihr Holz verwenden können!«

»Hört!«, rauschte die Platane empört, »welch undankbare Geschöpfe! Sie kamen zu mir, um Zuflucht zu suchen vor den sengenden Strahlen der Sonne; und ich spendete ihnen meinen Schatten! Sie aber schimpfen auf mich – ja, sagen es mir ins Angesicht, dass sie mich töten wollen!«

Der Löwe und der Stier

Ein fetter, schöner Stier trieb sich täglich mit einer Herde von Kühen auf der Weide herum. »Hm«, dachte ein Löwe,

»ich kann ihn so nicht bekommen; die Kühe werden alle über mich herfallen, wenn ich ihn angreife. Ich muss dies anders machen.« Da rief er dem Stier zu: »Ich will morgen ein Schaf schlachten! Gib mir die Ehre und verspeise es mit mir!« Der Stier nahm die Einladung an.

Wie er nun am nächsten Tag zur Höhle des Löwen kam, standen da viele leere Schüsseln und Töpfe – aber von einem Schaf war nichts zu sehen. Das fand der Stier sehr merkwürdig; er drehte sich um und ging davon.

Der Löwe, der schon hinter einem Stein gelauert hatte, war sehr enttäuscht. Er stellte sich gekränkt und rief: »Darf ich vielleicht um den Grund fragen, du unhöflicher Geselle, warum du an der Tür meines Hauses umkehrst?«

»Ja«, antwortete der Stier, »als ich alle deine Vorbereitungen mich zu empfangen sah, kam mir plötzlich der Gedanke, dass der Braten heute nicht ein Schaf – sondern ein Stier sein sollte!«

Der Esel, der Hahn und der Löwe

Ein Esel und ein Hahn spazierten zusammen auf einer eingezäunten Weide. Plötzlich bemerkten sie einen Löwen, der am Zaun entlang schlich und gerade daran war herüberzuspringen. Ha, da schlug der Hahn, sich hochaufrichtend, mit den Flügeln und krähte dem Löwen mutig entgegen! Augenblicklich lief der Löwe davon; denn, wenn irgendetwas einen Löwen erschrecken kann, so ist es das Krähen eines Hahnes.

»Er fürchtet sich! Er nimmt Reißaus vor einem Hahn!«, schrie lachend der Esel. »Wie viel mehr wird er entsetzt sein, wenn er einen Esel sieht!« Er achtete nicht darauf, dass der Hahn ihn warnte, sondern setzte über den Zaun, um den Löwen zu verfolgen. Aber als der Löwe den Hahn nicht mehr sah und hörte, drehte er sich um, packte den Esel und tötete ihn.

Der schlaue Esel und der Wolf

Ein Esel sah, dass ein Wolf sich zu ihm heranschlich, und hatte keine Zeit mehr zu entfliehen. Da hinkte er mühsam umher, als hätte er sich den Fuß verwundet.

»Was ist mit dir, bist du krank, dass du so lahm gehen musst?«, fragte der Wolf, als er bei ihm angelangt war.

»Oh, meine Krankheit ist sehr gefährlich für dich!«, antwortete der Esel. »Ich habe mir einen großen Dorn eingetreten; wenn du mich jetzt frisst, wird der Dorn dir den Hals verletzen. Es wird besser sein, du ziehst ihn vorher mit deinen Zähnen heraus!«

»Hebe deinen Fuß auf und lasse mich sehen, wo er sitzt«, meinte der Wolf bereitwillig. Kaum aber hatte der Wolf seinen Kopf unter dem Huf des Esels, da schlug dieser mit aller Kraft aus und versetzte dem Wolf einen solchen Schlag in das Maul, dass alle Zähne brachen. »Siehst du, wie lahm ich bin?«, lachte der Esel, indem er, so schnell er konnte, davonlief.

Heulend saß der Wolf da. »Was hatte ich mich auf eine Kur einzulassen!«, wimmerte er, »anstatt den Lehren meines Vaters zu glauben: dass es am besten ist, jedes Tier, dem ich begegne, sofort zu töten!«

Der Wolf und sein Schatten

Ein Wolf, der in der Ebene umherstreifte, als die Sonne schon tief am Himmel stand, war sehr beeindruckt von der Größe seines Schattens und sagte zu sich selbst: »Ich wusste nicht, dass ich so groß bin. Man stelle sich vor, ich hätte Angst vor einem Löwen! Weshalb! Ich, nicht er, sollte der König der Tiere sein«; und, ohne auf Gefahr zu achten, stolzierte er umher, als gäbe es keinen Zweifel daran. Da stürzte sich ein Löwe auf ihn und begann ihn zu verschlingen. »Ach«, rief er, »hätte ich die Tatsachen nicht aus den Augen verloren, wäre ich nicht durch meine Einbildung zugrunde gegangen.«

Der kranke Mann und der Arzt

Ein Arzt kam zu einem kranken Mann. »Wie geht es heute?«, fragte er. »Ziemlich gut«, erwiderte der Mann, »nur - ich schwitze sehr stark!« - »Schön«, meinte der Arzt mit weiser Miene, »das ist ein gutes Zeichen!«

Am nächsten Tag jedoch klagte der Kranke: »Wie mich heute friert, Doktor, von Kopf bis Fuß überläuft es mich eisig kalt!« - »Ach, glaube mir, auch das ist ein gutes Zeichen!«, urteilte der Arzt.

Als nun der Arzt das dritte Mal kam, um nach dem Befinden des Kranken zu sehen, lag dieser fiebernd da. »Hm, hm, heute hast du Fieber. Welch gutes Zeichen! Du bist auf dem besten Wege gesund zu werden!«, versicherte lächelnd der Arzt. Jedoch der Kranke richtete sich auf und schrie: »Wieder ein gutes Zeichen? Nun, es scheint mir, ich werde an allen diesen guten Zeichen sterben müssen!«

Der halsstarrige Esel

Ein Bauer wollte mit seinem Esel über das Gebirge; lange Zeit ließ sich das Tier folgsam von seinem Herrn am Zügel führen. Da plötzlich, ohne allen weiteren Grund, fing es an, sich störrisch zu benehmen. Es bäumte sich, zerriss die Zügel und rannte nun blindlings auf einen Abgrund zu. Der Bauer, der das Tier retten wollte, lief, was er konnte. Er erwischte den Esel auch glücklich am Schwanz und zog und riss ihn mit aller Kraft vom Rande des Abgrundes zurück. Jedoch der Esel war nicht zu bewegen, einen Schritt rückwärtszugehen. Es hätte wenig gefehlt, so hätte er seinen Herrn noch mit in die Tiefe gerissen. Da ließ der Bauer ihn los. »Nun denn!«, schrie er, »so tue, was du willst, halsstarriger Geselle! Gehe deinen eigenen Weg! Du wirst schnell genug herausfinden, dass ich dein Bestes wollte!«

Der Müller und sein Sohn

Ein Müller wollte in die Stadt, um einen Esel am Markt zu verkaufen. Er hatte seinem kleinen Sohn erlaubt, ihn zu begleiten; so gingen sie, mit dem Gedanken, einen frohen Tag in der Stadt zu verbringen, vergnügt hinter dem Esel her. Am Ausgang des Dorfes standen drei Mädchen schwätzend beisammen. »Ha, ha!«, kicherten sie, indem sie sich mit den Ellbogen anstießen, »schaut doch die gescheiten Müllersleute an! Sie gehen zu Fuß und lassen das Reittier leer laufen!«

»Eigentlich haben sie recht«, dachte der Müller. Sogleich durfte der Junge aufsitzen, der Müller selbst führte den Esel, so setzten sie die Reise fort. Jedoch sie waren noch nicht weit gekommen, da begegneten sie dem Dorfschulzen mit seinen Freunden. »Du ziehst deinen Sohn zu einem schlech-

ten Bürger heran, mein Lieber!«, rief der Schulze dem Müller zu, » wie soll er Achtung vor dem Alter haben, wenn er – der junge Beine hat – reiten darf, während du daneben hertrottest wie sein Diener!«

»Natürlich, es hätte sich gehört, dass ich reite«, antwortete der Müller kleinlaut, »herunter, mein Sohn!«

Nun saß also der Müller auf dem Esel – und der Junge lief hinterdrein. Halbwegs zur Stadt überholten sie einige Frauen, die mit ihren Kindern spazieren gingen. Jetzt hörte der Müller genau, wie eine der Mütter zu den andern sagte: »Seht doch, wie bequem es sich der abscheuliche Alte auf dem Esel gemacht hat! Seinen Buben aber lässt er nachlaufen und kümmert sich nicht darum, wie müde er wird!«

Was nun? Der Müller besann sich, wie er es auch den Frauen recht machen könnte. Überzeugt, dass endlich alles in Ordnung sei, wenn sie beide ritten, befahl er dem Knaben, sich hinter ihn auf den Esel zu setzen.

Die Frauen waren nun allerdings zufrieden. Aber – kaum waren sie eine Strecke weiter gekommen, trafen sie eine Schar junger Leute aus der Stadt. »Ah, das ist sicher, der Mann reitet ein gemietetes Tier!«, riefen diese empört, »seinen eigenen Esel würde er niemals so schwer belasten!«

»Im Gegenteil, ihr Herren, der Esel ist mein Eigentum; ich möchte ihn in der Stadt verkaufen!«, erklärte der Müller verzweifelt. »Na, dann Glück auf! Ein so erschöpftes Tier, das zwei Personen tragen musste, wird nicht sehr gut bezahlt werden!«, lachten die Burschen. »Du hättest es tragen sollen, dann käme es wohlgeschont an!«, setzten sie scherzend hinzu. Der Müller nahm aber auch das für bare Münze. Er suchte einen starken Ast, schnürte dem Esel die Füße fest zusammen, band ihn an den Ast, dass der Kopf nach unten hing; und auf diese Weise schleppten Vater und Sohn den Esel mühsam weiter – noch in der Meinung, ihm Gutes zu tun.

Herrje! – was gab es für ein Staunen und für ein Gelächter, als die beiden mit ihrer Last in der Stadt ankamen! Von allen Seiten liefen die Leute herbei, um den verrückten Müller mit seinem Jungen zu sehen. »Narrenhans – Tierquäler!«, schrien sie. Ja, es fehlte wenig, so hätten die beiden Eselsträger Schläge bekommen! Der Müller wusste sich nicht

mehr zu helfen. Er trieb seinen weinenden Knaben an zu laufen, so schnell er könne, um aus der schreienden Menge fortzukommen. Nun fing aber auch der Esel an, zu Tode erschrocken von dem Lärm, sich zu wehren. Er zerrte und zog an seinen Fesseln, so gut es ihm seine sonderbare Stellung erlaubte. Und ach! –, gerade als die Flüchtlinge über eine Brücke kamen, rissen die Stricke! Der Esel fiel in den Fluss und ertrank!

Unglücklich und beschämt rang der Müller die Hände. »Merke es dir, mein Sohn!«, schrie er, »wer es allen recht machen will, macht es niemandem recht! Oh, ich armer Mann musste unter Spott und Hohn meinen Esel verlieren, weil ich zu sehr darauf hörte, was die Leute sagten!«

Die Mücke und der Ochse

Wie kommt es nur, dass ein so großer, kräftiger Bursche, wie du es bist, folgsam den Menschen dient und harte Arbeit für sie verrichtet?«, fragte eine Mücke einen Ochsen, »während ich kleines Ding davon lebe ihr Blut zu trinken, ohne ihnen jemals einen Gefallen dafür zu tun?«

»Ich diene den Menschen, weil ich ihnen dankbar bin!«, belehrte der Ochse die Mücke, »sie sind sehr gut zu mir; sie geben mir Wohnung und Futter. Hast du nicht gesehen, wie mein Herr, um mir seine Liebe zu zeigen, mich streichelte und tätschelte?«

»Oh«, rief die Mücke, »er würde auch mich tätscheln! Immer, wenn ich auf ihm sitze, erhebt er die Hand dazu. Aber ich bin sehr auf der Hut davor, denn dieses Liebeszeichen wäre mein Tod!«

Der gefräßige Hirsch

Ein von Jägern verfolgter Hirsch flüchtete sich in einen Weinberg. Hier verbarg er sich so gut unter den dichten Blättern eines Rebstockes, dass die Jäger an seinem Versteck vorübergingen, ohne ihn zu entdecken.

»Die Gefahr ist vorüber«, dachte der Hirsch und begann gierig die Blätter des Rebstockes abzufressen. Gerade, als sie ihm sehr gut schmeckten, kamen die Jäger leise zurück. »Seht, wie sich dort die Blätter bewegen!«, sagte einer der Jäger, »es sieht aus, als wäre ein Tier unter ihnen versteckt!« Auf gut Glück sandte er einen Pfeil in das Blätterwerk. Der unglückliche Hirsch – er wurde von diesem Pfeil mitten ins Herz getroffen!

»Ach!«, seufzte er sterbend, »so geschieht mir recht! Wie konnte ich so undankbar sein, mich an den Blättern meines Beschützers zu vergreifen!«

Das neidische Kamel

Die Tiere feierten einmal ein großes Fest. Ein Affe gab dabei einen Tanz zum Besten und unterhielt die Gesellschaft so köstlich damit, dass des Beifalls kein Ende sein wollte. Voll Neid hörte ein Kamel, wie der Affe bewundert wurde. »Es ist lächerlich«, dachte es, »ein bisschen Tanzen so zu loben! Ich will ihnen zeigen, dass ich nicht weniger kann!« Sogleich begann es zu hopsen und sich herumzuschwingen und schwerfällig auf den Boden zu stampfen. Ach, es machte so merkwürdige Stellungen mit seinem unbehilflichen Körper, dass alle Tiere vor Lachen ersticken wollten. »Es ist verrückt! Es ist verrückt!«, schrien sie.

Das arme Kamel – es blieb ihm nichts übrig, als das Fest zu verlassen; denn wie hätte es diesen Hohn den ganzen Tag ertragen können?!

Der Adler und die Dohle

Ein Adler stieß aus den Wolken herab, packte ein Lamm mit seinen Krallen und trug es fort. »Mein Wort!«, krächzte eine Dohle, die ihm zugesehen hatte, »so will ich es auch machen!«

Zuerst flog sie hoch in die Luft hinauf; dann bemühte sie sich, mit einem großen Aufwand von Flügelschlägen, herabzuschießen wie der Adler – packte jedoch kein Lamm, sondern stürzte sich auf den Rücken eines großen Widders. Den konnte sie natürlich nicht forttragen; und – o weh! –, sie konnte nicht einmal selbst wieder loskommen! Ihre Krallen verwirrten sich in der dichten Wolle des Widders; wie sie auch flatterte und zerrte, sie machte ihre Sache immer noch schlimmer statt besser.

Rettungslos gefangen musste sie zusehen, wie der Hirte sich näherte. »Du hast dich nicht ganz geschickt benommen, meine Liebe!«, lachte dieser vergnügt. Er beschnitt der Dohle die Flügel und brachte sie seinen Kindern nach Hause.

»Was für ein Vogel ist das; er sieht so unglücklich aus, Vater?«, fragten die Kinder. »Es ist eine Dohle«, antwortete der Hirte, »und gerade darüber ist sie unglücklich –; denn sie wollte ein Adler sein!«

Der Bogenschütze und der Löwe

Ein Bogenschütze ging auf die Jagd. Alle Tiere, die ihn sahen, erschraken und entflohen – nur ein Löwe nicht. Der stellte sich dem Schützen in den Weg und forderte ihn durch mächtiges Brüllen zum Kampf auf.

Sogleich schoss der Jäger einen Pfeil auf den Löwen ab, indem er ihm zurief: »Hier schicke ich dir meinen Vorläufer! Er wird dich sicher verwunden! Aber warte nur, bis ich dann selbst komme – ich werde dich ganz aufspießen!«

Tatsächlich verletzte der Pfeil den Löwen empfindlich am Kopf. So schüchterten die Worte des Schützen das starke Tier dermaßen ein, dass es umdrehte und fortrannte.

»Du Feigling, was läufst du davon?«, bellte ein Fuchs, der in der Nähe versteckt war, »deine Pflicht wäre es zu kämpfen, damit wir von diesem Mann befreit werden!«

»Nein, du bringst mich nicht dazu, auf meinem Posten zu bleiben, ganz gewiss nicht!«, erwiderte der Löwe zitternd, »wie soll ich mit einem Menschen kämpfen können, dessen Vorläufer schon so fürchterlich ist?!«

Der Esel und das Maultier

Ein Kaufmann hatte eine Reise über das Gebirge zu machen. Er belud seinen Esel und sein Maultier mit allerlei Waren und machte sich auf den Weg. Solange sie in der Ebene dahinzogen, ging der Esel munter neben dem Maultier her. Aber, als sie dann auf die jähen, rauen Gebirgspfade kamen, da tat der Esel sich sehr schwer. »Ach«, seufzte er, sich an das Maultier wendend, »ich befürchte, ich komme mit dieser schweren Last nicht mehr lange vorwärts; mir zittern schon die Knie! Lieber Vetter, erbarme dich, nimm mir etwas von meiner Bürde ab! Du bist größer und gewandter als ich!«

»Ich trage selbst schon genug!«, antwortete das Maultier barsch. Traurig ging der Esel weiter. Jedoch unsicher, wie er war, stolperte er über einen Felsblock, stürzte hin und war tot.

Der Kaufmann war außer sich über den Verlust. Er tat das Beste, was er tun konnte; er zog dem Esel die Haut ab, um wenigstens damit noch Geld zu verdienen. Dann packte er dem Maultier die ganze Last des Esels auf und legte auch noch die Haut darauf.

»Oh, warum war ich so ungefällig!«, schrie das Maultier, als es so schwer beladen weitergetrieben wurde, »hätte ich dem Esel zur rechten Zeit geholfen, so müsste ich jetzt nicht so übermäßig schleppen!«

Der kranke Hirsch

Ein Hirsch lag schwer krank im Wald in einem Graben. Weil er sehr beliebt war, kamen viele andere Tiere artig herbei, um nach seinem Befinden zu fragen. Und siehe – alle diese Besucher, einer wie der andere, nagten ein wenig von dem Gras ab, welches um den Kranken herum wuchs. Schon nach kurzer Zeit war kein Halm mehr in dem Graben zu finden.

Sobald der Hirsch sich dann besser fühlte, stellte sich auch der Hunger wieder bei ihm ein. Aber er war noch zu schwach, aufzustehen und sich Futter zu suchen. Wie froh wäre er jetzt um das Gras gewesen, das seine Freunde so gedankenlos gefressen hatten! Er wäre sicher gesund geworden – so jedoch musste er elend vor Hunger sterben!

Der Wolf und die Ziege

Hoch oben auf einem steilen Felsen weidete eine Ziege kümmerliches Gras. »Ich bitte dich, liebe Freundin!«, rief ihr ein Wolf zu, »du bist in Lebensgefahr! Wie du mich ängstigst! Der kleinste Fehltritt – und du bist verloren! Komm herunter zu mir, ich will dir einen bequemen Platz zeigen, wo du das beste Futter findest!«

Spöttisch blinzelte die Ziege auf den Wolf herab. »Schau, schau!«, meckerte sie, »wie du dich darum sorgst, wo ich gutes oder schlechtes Gras bekomme! Es scheint mir, du hättest Appetit auf Ziegenfleisch.«

Der Spiegel

Ein Mann hatte zwei Kinder, einen hübschen Knaben und ein hässliches Mädchen. Eines Tages spielte der Knabe, obwohl es ihm verboten war, im Zimmer seiner Mutter, öffnete einen Schrank – und fand einen Spiegel. Oh, wie war er erstaunt und entzückt, als er sich zum ersten Mal selbst sah! Freudestrahlend holte er seine Schwester herbei. »Komm«, sagte er, »ich will dir ein Glas zeigen, in dem du dein eigenes Gesicht sehen kannst!«

Aber, o weh, die Schwester schrie entsetzt auf, als sie erkennen musste, wie hässlich sie war! »Was hältst du mir das Glas vor, abscheulicher Junge!«, rief sie weinend, »du tust es nur, um mich zu kränken! Ich werde es dem Vater sagen, dass du mich verhöhnst und dass du mit der Mutter Sachen spielst!« In diesem Augenblick trat der Vater herein. Er nahm beide Kinder bei der Hand und sagte lächelnd: »Nun da ihr einmal den Spiegel entdeckt habt, beguckt euch ordentlich und merkt euch, was er euch lehren kann. Du, mein Mädchen, bemühe dich liebenswürdig und heiter zu sein, das wird dich verschönern, sodass dich niemand hässlich finden wird!« Du, mein Sohn, bilde dir nicht zu viel darauf ein, wenn der Spiegel dir ein hübsches Gesicht zeigt! Ein Mann muss gut und tüchtig sein, das ist mehr wert als alle Schönheit der Welt!«

Der Löwe und der Hase

Ein Löwe war hungrig genug, sein Mittagsmahl zu halten. Da fand er in einer Wiese einen Hasen, der lag langgestreckt da und schlief. Wie er sich nun daranmachen wollte, den Hasen zu verspeisen, lief ein Hirsch vorbei. »Ha«, dachte der Löwe, »dieser Braten ist mir lieber!«, und rannte hinter dem größeren Wild her. Jedoch die Jagd war umsonst; der Hirsch entkam.

Abgehetzt und doppelt hungrig suchte der Löwe den schlafenden Hasen wieder auf. Aber der war inzwischen erwacht und fortgesprungen. »Ich war sehr ungeschickt«, brummte der Löwe, »der Hase wäre mir sicher gewesen! Ich hätte damit zufrieden sein sollen, anstatt unsicherer Beute nachzugehen!«

Der Stier und das Kalb

Ein mächtiger Stier wollte von der Weide in seinen Stall zurück. Die Stalltür jedoch war sehr eng, sodass der Stier sich wirklich bemühen musste, seinen großen Körper hindurchzuzwängen. »Warte einen Augenblick!«, rief geschäftig ein Kälbchen, »ich will dir zeigen, wie leicht man durch diese Tür kommt, wenn man es richtig macht!« Belustigt blickte der Stier das Kleine an. »Ich danke dir, es ist sehr freundlich von dir, dass du mich belehren willst«, erwiderte er, »aber ich glaube, ich kenne diesen Weg schon viel länger als du!«

Der kühne Jäger

Ein Hund streunte im Wald umher. Er hatte schon hie und da kleine Tiere erjagt; so war er voll Freude, als er einen

Löwen entdeckte, denn er dachte keinen Augenblick daran, dass dieses Tier sich ihm widersetzen könnte. Herausfordernd bellte er und stürzte auf den Löwen zu. Der Löwe jedoch blieb ruhig stehen; er stieß nur ein lautes Brüllen aus.

Oh – da zog der Hund alsogleich den Schwanz ein und entfloh!

»Welch ein kühner Jäger!«, schrie ein Fuchs, der alles mitangesehen hatte, ihm höhnisch nach, »er wollte einen Löwen jagen; aber er lief schon davon, als er nur seine Stimme hörte!«

Die Bäume und die Axt

Ein Holzhauer ging mit seinen Kindern in den Wald. »Ich bin ein armer Mann und habe kein Geld, mir einen Stiel für meine Axt zu kaufen – ach, seid so gut und schenkt mir das nötige Holz dazu«, bettelte er die Bäume an.

Die großen Bäume neigten sich und rauschten einander zu, dass sie eine so bescheidene Bitte wohl erfüllen könnten. Sie wählten ein junges Eschenstämmchen aus, welches sich sträubte, da es noch gerne gelebt hätte; das schenkten sie dem Mann. Sogleich machte sich der Holzhauer aus dem harten Holz einen tüchtigen Stiel für seine Axt zurecht. Kaum jedoch war die Axt fertig, da legte er sie – welches Entsetzen! – an dem Stamm des schönsten Baumes an und begann ihn zu fällen!

»Was tut er? Wie verwendet er unsere Gabe?!«, schrien die anderen Bäume auf, »die kleine Esche, die wir geopfert haben, rächt sich bitter an uns! Sie wird uns allen das Leben kosten!«

Der Sterngucker

Es lebte vor langer Zeit ein Sterngucker, der ging immer nachts spazieren, weil er die Sterne beobachten wollte. Langsam schritt er dahin, die Hände auf dem Rücken, und starrte zum Himmel empor; er dachte gar nicht daran aufzupassen, wohin seine Füße traten. So geriet er einmal an den Rand eines Brunnens, tat noch einen Schritt und stürzte hinein.

Als er jammernd dort unten lag, kam ein Mann vorbei. »Was ist geschehen?«, rief dieser, »wie konnte in dieser hellen Nacht jemand in den Brunnen fallen?«

Sobald er erfuhr, wer hineingefallen war, brach der Mann in lautes Lachen aus. »Ich will zwar Leute herbeiholen, dass wir dir helfen können«, sagte er zu dem Sterngucker, »jedoch das merke dir: Du hast es verdient, dir weh zu tun! Es mag ja sehr weise sein, zu den Sternen emporzusehen; aber deshalb ist es nicht nötig, die Erde ganz zu vergessen!«

Der Wolf und das Ziegenböckchen

Ein Böckchen hüpfte von der Herde fort in den Wald hinein. Nicht lange, da stand es schon vor einem Wolf. Das Böckchen ahnte wohl, dass es nun gefressen werden sollte; aber – es war gar schlau und hoffte, den Wolf betrügen zu können. »Ach, Herr, ich weiß, du wirst mich töten!«, sagte es ruhig, »aber ich bitte dich, da mein Leben so kurz sein soll, lass mich noch recht fröhlich sein! Spiele mir ein Stückchen auf der Flöte, damit ich noch einmal tanzen kann, ehe ich sterben muss!«

»Gut, ich will vor meinem Abendmahl – das du sein sollst – etwas Musik machen«, lachte der Wolf. Er blies ein Tanzstück; das Zicklein machte lustige Sprünge dazu.

Jedoch die Hirten, welche auf der Suche nach dem Böcklein waren, hörten ebenfalls die Musik. Neugierig kamen sie herbei und waren nicht wenig erstaunt, als sie den Wolf mit der Flöte erblickten. Sogleich drangen sie mit ihren Stöcken auf ihn ein, sodass der Wolf sein Heil in der Flucht suchen musste. »Ich dummer Bursche!«, schrie er, »ich ließ mich von einem Böckchen um mein Abendbrot bringen! Warum gab ich mich dazu her, den Pfeifer zu spielen – anstatt mein Amt als Schlächter auszuüben?!«

Das gerettete Ziegenböckchen freute sich sehr, dass ihm seine List so wohl gelungen war, und entfernte sich von diesem Tag an nie mehr von der Herde.

Die verschiedenen Wünsche

Ein Mann hatte zwei Töchter; die eine wurde die Frau eines Gärtners, die andere heiratete einen Töpfer. Nun besuchte der Vater eines Tages seine ältere Tochter, denn er wollte gerne sehen, wie es ihr ginge, und ob das Geschäft ihres Mannes vorwärts komme.

»Danke der Nachfrage, lieber Vater«, sagte die Tochter, »es geht uns in jeder Beziehung gut. Nur bräuchten wir einige Regentage, damit der Garten nicht zu trocken wird.«

»Ich werde für dich darum beten«, versprach der Vater.

Am Rückweg besuchte er seine andere Tochter. »Nun, und wie geht es dir und was macht dein Mann?«, fragte er.

»Oh, vielen Dank, lieber Vater, wir sind froh und gesund«, antwortete die Tochter, »nur bräuchten wir notwendig heiße, sonnige Tage, damit die frischen Topfwaren gut trocknen könnten!«

»Herrje, du wünschst trockenes Wetter, während deine Schwester sich nach Regen sehnt!«, rief der Vater, »das ist sehr schwierig für mich, denn ich wollte die Götter bitten, dass sie eure Wünsche erfüllen. Ich sehe ein, dass es in diesem Fall besser sein wird, wenn ich mich nicht einmische; denn ich möchte keiner von euch beiden unrecht tun!«

Die Wölfe und die Hunde

Ein Rudel Wölfe kam einmal zu den Schäferhunden eines Dorfes. »Liebe Vettern«, sagte ein alter Wolf, »habt ihr denn ganz vergessen, dass wir nahe Verwandte sind? Überall, wo ihr uns trefft, verfolgt ihr uns mit Feindschaft. Bedenkt doch, der Unterschied zwischen uns ist nur durch die Erziehung entstanden, welche die Menschen, eure Herren, euch gaben! Wir genießen das alte Leben der Freiheit, während ihr euch zu Sklaven der Menschen erniedrigt habt. Sie legen euch an Ketten, oder gar – sie schlagen euch; und für eure Dienste werfen sie euch abgenagte Knochen als Futter hin! Schüttelt dieses Joch von euch! Kommt mit uns in den Wald!«

»Der alte Wolf hat recht!«, bellten die Hunde. Sie erlaubten den Wölfen, über die nächste Schafherde herzufallen, damit sie genügend Fleisch hätten, heute Abend ein Versöhnungsfest zu feiern, und folgten den Wölfen dann wirklich in ihre Höhle.

Aber kaum waren alle Hunde eingetreten, da stürzten die Wölfe über sie her. »Jetzt sind wir euch los!«, schrien sie höhnisch und zerrissen sie alle in Stücke.«

Der gefangene Vogel

Vor dem Fenster eines Hauses hing ein kleiner Käfig, darin saß traurig ein Singvogel. Den ganzen Tag sang der Vogel keinen Ton; erst nachts, wenn alle anderen Vögel schliefen, pfiff er seine Lieder.

Eine Fledermaus wunderte sich sehr über diese Gewohnheit des Gefangenen. Sie flog herzu, hing sich an die Stäbe des Käfigs und fragte: »Sag mir nur, warum beginnst du erst zu singen, wenn es dunkel wird?«

»Ach, es wäre – auch jetzt im engen Käfig – tausendmal schöner, bei Sonnenschein zu singen«, seufzte der Vogel, »aber ich weiß, wie gefährlich es ist! Einmal, als ich fröhlich am Morgen sang, hörte mich der Fänger, warf sein Netz nach mir aus und sperrte mich dann hier ein! Seit diesem Tag hüte ich mich, so unvorsichtig zu sein!«

»Hm«, antwortete die Fledermaus, »jetzt, wo du gefangen bist, nützt dir doch diese Vorsicht nichts mehr! Ich denke, du könntest ruhig singen, wenn es dir Freude macht. Es wäre etwas anderes gewesen, wenn du dich früher in Acht genommen hättest; dann könntest du heute noch frei sein!«

Der Geizhals

Ein Geizhals verkaufte alles, was er besaß, und schmolz seinen Goldschatz zu einem einzigen Klumpen, den er heimlich auf einem Feld vergrub. Jeden Tag ging er hin, um ihn zu betrachten, und manchmal verbrachte er lange Stunden damit, sich an seinem Schatz zu erfreuen. Einer seiner Männer bemerkte seine häufigen Besuche an diesem Ort, beobachtete ihn eines Tages und entdeckte sein Geheimnis. Er wartete auf seine Gelegenheit, ging eines Nachts hin, grub das Gold aus und stahl es. Am nächsten Tag besuchte der Geizhals den Ort wie üblich, und als er feststellte, dass sein Schatz fort war, raufte er sich die Haare und bejammerte seinen Verlust. In diesem Zustand wurde er von einem seiner Nachbarn gesehen, der ihn fragte, was sein Bekümmernis sei. Der Geizhals berichtete ihm von seinem Unglück; aber der andere antwortete: »Nimm es dir nicht so zu Herzen, mein Freund; stecke einen Ziegelstein in das Loch und betrachte ihn jeden Tag: Es wird dir nicht schlechter gehen als zuvor, denn selbst als du dein Gold noch hattest, war es dir nicht von Nutzen.«

Der verlorene Stier

Ein Landmann kam auf die Weide, um nach seinem Vieh zu sehen. Zu seinem Schrecken bemerkte er, dass ein junger Stier fehlte; und er suchte im Wald und auf der Heide angestrengt nach dem schönen Tier. »Hilf mir, Jupiter, dass ich den Dieb entdecke, der mir meinen Stier gestohlen hat!«, rief er, »ich will dir zum Dank ein Kalb opfern!« Während er so sprach, drang er in ein Dickicht ein. O Entsetzen, da stand ein mächtiger Löwe, welcher gerade daran war, den verlorenen Stier in Stücke zu zerreißen. Bleich vor Furcht hob der Landmann seine Hände zum Himmel empor, indem er schrie: »Großer Jupiter, du hast mir den Dieb gezeigt – nun errette mich auch aus dieser Gefahr! Ich gelobte dir ein Kalb –; ich will dir jetzt meinen schönsten, weißen Stier opfern, wenn ich unverletzt aus den Klauen dieses Diebes entkomme!«

Der listige Dieb

Ein Dieb schlich an einem Festtag schon früh am Morgen umher, um Umschau zu halten, wo er etwas zu stehlen finden könnte. Er kam auch zu einem Gasthaus, da saß der Wirt in einem feinen neuen Mantel vor der Tür, um frische Luft zu schöpfen, ehe die Arbeit des Tages begann.

»Holla, dieser Mantel müsste mir ausgezeichnet passen!«, dachte der Dieb. Höflich begrüßte er den Wirt, setzte sich zu ihm und sagte: »Wir haben heute schönes Wetter für das Fest. Du kannst viele Gäste erwarten, das ist sicher!« Da – plötzlich mitten im Gespräche stockte er, rieb sich die Stirn und heulte und bellte krampfhaft wie ein Wolf.

»Was ist dir?«, fragte der Wirt bestürzt.

»Ach«, antwortete der Dieb, »es ist fürchterlich! Warum ich diese Anfälle habe, das weiß ich nicht, vielleicht sind sie mir als Strafe für meine Sünden auferlegt! Aber, denke dir, von Zeit zu Zeit kommt dieses Heulen über mich! Wenn ich dann das dritte Mal geheult habe, fallen alle meine Kleider von mir, und ich werde in demselben Augenblick in einen rasenden Wolf verwandelt, der Mensch und Tier an den Hals springt! Ich bitte dich, erbarme dich meiner! Hüte meine Kleider, während ich als Wolf umherlaufe! Schon mehrmals wurden sie mir gestohlen, sodass ich, wenn ich wieder ich selbst wurde, nichts mehr anzuziehen hatte!« Jetzt, bei diesen Worten, heulte er schon zum zweiten Mal.

Blass starrte der Wirt den Fremden an, denn er glaubte ihm jedes Wort. »Nein – ich bleibe nicht in deiner Nähe! Ich will nicht von dir gefressen werden!«, rief er, sprang auf und wollte die Flucht ergreifen.

Jedoch der Dieb klammerte sich fest an seinen Mantel. »Bleib, bleib!«, schrie er, »ich bin so besorgt um meine Kleider!« Oh – und da öffnete er schon den Mund, als müsste er zum dritten Mal sein Geheul ausstoßen! In verzweifelter Angst riss der Wirt mit aller Gewalt seinen Mantel herunter, stürzte in das Haus und verschloss die Tür, so fest er konnte.

Der Dieb hatte, wie er gewünscht, den feinen Mantel in der Hand. Lachend machte er sich damit davon; es fiel ihm gar nicht ein, zum Wolf zu werden.

Die Frösche und der Brunnen

Zwei Frösche lebten gemeinsam in einem Sumpf. Aber eines heißen Sommers trocknete der Sumpf aus, und sie verließen ihn, um sich einen anderen Ort zum Leben zu suchen: Denn Frösche bevorzugen feuchte Orte, wenn sie sie erlangen können. Schließlich kamen sie zu einem tiefen Brunnen, und einer von ihnen sah hinein und sagte zum andern: »Das sieht nach einem schönen kühlen Ort aus; lass uns hineinspringen und uns hier niederlassen.« Aber der andere, der einen klügeren Kopf auf den Schultern hatte, erwiderte: »Nicht so schnell, mein Freund. Wenn dieser Brunnen austrocknen sollte wie der Sumpf, wie sollen wir dann wieder herausgelangen?«

Die Schafe und der Hund

Ein Hirte hatte seinen Hund sehr lieb, sodass er ihm gerne alles Gute zukommen ließ. Das ärgerte die Schafe. Eines Tages umringten sie den Hirten und blökten ihn von allen Seiten an: »Wir wollen es nicht länger dulden, dass du den Hund so sehr bevorzugst! Das ist ungerecht und abscheulich von dir! Jeden Tag erlabst du dich an unserer Milch. Wir schenken dir unsere Wolle und unsere Lämmer. Was aber gibst du uns dafür? Nichts als Gras, das wir uns noch dazu selbst mühsam pflücken müssen. Den Hund jedoch, von dem du nichts bekommst, fütterst du mit Leckerbissen von deinem Tisch, ja – du teilst mit ihm dein eigenes Brot!«

Jetzt stand der Hund, der alles mitangehört hatte, auf und antwortete: »Lasst meinen Herrn in Frieden! Was könntet ihr

denn ohne mich anfangen? Diebe würden euch stehlen! Wölfe würden euch fressen! Ihr müsstet verhungern, wenn ich euch nicht bewachen würde, denn ihr wäret zu furchtsam, allein zu weiden! Hat mein Herr da nicht recht, wenn er mich hochhält für meine Dienste?«

Kleinlaut gingen die Schafe auseinander und wagten es nie mehr, die bevorzugte Stellung des Hundes anzugreifen; denn sie mussten anerkennen, dass das, was er sagte, die volle Wahrheit war.

Der Esel und das Götzenbild

Ein frommer Mann wollte ein schönes Götzenbild in einen Tempel stiften. Er band das Götzenbild auf den Rücken seines Esels und zog damit in die Stadt. Sie begegneten vielen Menschen auf dem Weg; und siehe – wer da vorüberging, verbeugte sich oder zog den Hut, aus Ehrerbietung für den geschnitzten Gott!

»Ei, was muss ich für ein schönes, vornehmes Tier sein, wenn alles sich vor mir verneigt!«, dachte der Esel, »es ist sehr merkwürdig von meinem Herrn, einem so geehrten Geschöpf zuzumuten, eine so schwere, nichtswürdige Last zu tragen!«

Noch eine kurze Strecke ging der Esel weiter, dann stieg ihm der Hochmut so sehr in den Kopf, dass er stehen blieb und seinen Herrn ärgerlich anschrie: »Nimm augenblicklich diese Last von meinem Rücken, oder ich gehe keinen Schritt weiter! Siehst du denn nicht, dass ich frei sein muss, damit ich mich ordentlich verbeugen und den Menschen ihren Gruß erwidern kann?«

»Ho, ho! Du Dummkopf! Es scheint gar, du bildest dir ein, dass Menschen einem Esel Achtung zollen!«, lachte der Mann und gab dem Esel ein paar feste Schläge mit seinem Stock, »nur vorwärts, oder ich werde dich noch mehr daran erinnern, dass du ein Esel bist!«

Der wilde Esel und der Packesel

Ein Packesel lag ausgestreckt auf einer Wiese in der Sonne und zupfte gemächlich von einem Bündel Heu, das man ihm vorgeworfen hatte. Zerzaust und mager kam ein wilder Esel des Weges. »Was hast du für ein beneidenswertes Leben!«, rief er dem Packesel zu, »schon an deinem glatten Fell erkennt man, dass du im Überfluss lebst, Vetter!« – »So ist es auch!«, antwortete der Packesel hochmütig.

Nicht lange darauf begegneten die Vettern sich wieder. Schwer bepackt trabte diesmal der Packesel auf der Landstraße dahin; ein Treiber ging neben ihm her und versetzte ihm von Zeit zu Zeit einen Schlag mit der Peitsche.

»Herrje! So teuer musst du deine Bequemlichkeiten bezahlen? Ich sehe ein, du bist doch nicht zu beneiden!«, lachte der wilde Esel, während er munter dem Wald zulief.

Der jähzornige Hirte

Ein Ziegenhirte wollte seine Herde nach Hause treiben; aber da war eine bockbeinige Ziege, die immer wieder den Berg hinaufkletterte und von Neuem zu fressen anfing. So viel der Hirte auch schrie und pfiff, die Ziege fraß ruhig weiter, bis der Hirte vor Zorn den Verstand verlor. Wütend schleuderte er einen großen Stein nach ihr, der sie zum Glück nicht am Kopf, sondern an einem der Hörner traf, welches krachend zerbrach. Wie dann die Ziege also entstellt vor ihm stand, erschrak der Hirte sehr. »Ich bitte dich, meine Liebe«, jammerte er, »erzähle meinem Herrn nichts davon, dass ich einen Stein nach dir warf; ich werde sonst meinen Dienst verlieren!«

»Ach, du Einfaltspinsel, du hättest dich besinnen sollen, ehe du den Stein aufhobst!«, meckerte die Ziege beleidigt, »wenn ich jetzt auch meinen Mund halte, mein gebrochenes Horn wird laut genug gegen dich schreien!«

Die merkwürdigen Reisenden

Eine Fledermaus, ein Dornstrauch und eine Möwe beschlossen, zusammen eine Handelsreise zu machen, denn sie dachten es sich so wundervoll, reich und vornehm zu werden.

Die Fledermaus borgte irgendwo eine Summe Geld, darum erwarb sie ein Schiff. Der Dornstrauch verschaffte sich einen Vorrat von Kleidern und Stoffen, die er im Schiff verstaute; und die Möwe kam mit schweren Kisten Blei herbei, von dem sie wusste, dass es Fischer gerne kauften.

So ging die Reise los. Aber bald, nachdem sie abgesegelt waren, überfiel sie ein fürchterlicher Sturm, der das Boot mit aller Ladung verschlang. Mit Mühe konnten die drei Reisenden ihr nacktes Leben retten.

Seit dieser Zeit fliegt die Möwe ruhelos über dem Meer hin und her; sie hält ständig Ausschau nach dem Blei, das sie verloren hat. Die Fledermaus hingegen hält sich vor Angst, dem Mann zu begegnen, der ihr das Geld geborgt hat, den ganzen Tag über versteckt. Nur mehr im Schutze der Dunkelheit getraut sie sich auszufliegen und zu fressen. Der Dornstrauch endlich streckt, ob grün oder dürr, verlangend seine Arme aus. Alle Menschen, die vorübergehen, packt er bei den Kleidern, denn er hat die Hoffnung noch nicht aufgegeben, das eine oder andere der verlorenen Stücke wiederzufinden.

Der Löwe und der Elefant

Trotz all seiner Kraft und all seinem Mut hat auch der Löwe eine Schwäche. Er kann das Krähen eines Hahnes nicht ertragen; sobald er es hört, rennt er feige davon.

Nun war einmal ein Löwe, der sich dieser Schwäche bitter schämte. »Ach, Jupiter«, seufzte er, »warum hast du mich so, mit diesem Fehler behaftet, geschaffen?!« – »Ich habe dich sehr gut ausgestattet; und es ist nicht meine Schuld, dass ihr Löwen euch vor den Hähnen fürchtet«, entgegnete Jupiter, »tröste dich damit, dass kein Geschöpf auf Erden ganz vollkommen ist!«

Der Löwe jedoch konnte sich nicht damit trösten. Schwermütig ging er in der Wüste umher; ja, schließlich kam er so außer sich, dass er den Gedanken fasste, seinem Leben ein Ende zu machen.

Gerade, als er auf dem Weg war, sich ins Meer zu stürzen, begegnete er einem Elefanten. Merkwürdig, dieses große Tier stand ängstlich da und stellte beide Ohren auf, als horche es gespannt auf ein Geräusch.

»Ist eine Gefahr im Anzug, dass du so aufmerksam lauschst?«, fragte der Löwe. – »Siehst du denn nicht diese Mücke dort, die summend über meinem Kopf herumfliegt?«, antwortete ächzend der Elefant, »ich fürchte mich so sehr davor, dass sie in mein Ohr schlüpfen könnte! Wenn sie hineinkommt und mich da drinnen sticht, bin ich sicher verloren!«

»Oh!«, rief der Löwe und sah sehr erfreut aus. »Jetzt brauche ich mich nicht mehr zu schämen, dass mich ein Hahn erschrecken kann«, dachte er vergnügt. »Dieser ungeheure Dickhäuter fürchtet sich ja vor einer Mücke – ein Hahn ist aber zehntausendmal größer als eine Mücke!« Er hatte doch wahrhaftig keinen Grund mehr, schwermütig zu sein!

Der Hund und der Wolf

Einem Hund war es innerhalb der Mauern seines Bauernhofes zu düster geworden, er ging hinaus vor das Tor, um sich dort in die sonnige Wiese zu legen. Kaum war er etwas eingeschlafen, sprang ein Wolf auf ihn zu und packte ihn an. Der Hund sah wohl ein, dass er rettungslos verloren war. Ohne sich zu wehren, sagte er zum Wolf: »Ich ergebe mich! Aber du wirst einen zähen Bissen an mir haben, mager und abgehetzt wie ich jetzt bin. Wenn du nur ein paar Tage warten würdest, so hättest du mehr an mir! Mein Herr wird nämlich ein Gastmahl geben, da würden die reichen Abfälle mir sehr zustattenkommen – mich ordentlich fett machen!«

»Gut, ich will gnädig sein und dich dieses Festessen noch mitmachen lassen; halte dich jedoch sogleich danach für mich bereit!«, erwiderte der Wolf und ging.

Einige Tage danach kam der Wolf, mit gutem Recht, wie er meinte, wieder zu dem Bauernhof. Sogleich erkannte er den Hund, der gemütlich auf dem Dach des Stalles lag. »Komm herunter, damit ich dich fressen kann, wie wir es ausgemacht haben!«, rief er ihm zu. »Ach, du bist da!«, antwortete der Hund gelassen, »mein Lieber, wenn du mich je wieder unten vor dem Tor erwischen solltest, sei so klug und warte nicht auf irgendein Fest, sondern friss mich gleich!«

Der Gärtner und sein Hund

Der Hund eines Gärtners rannte spielend im Garten umher, passte nicht auf und fiel in den Ziehbrunnen hinein. Voll Sorge, der arme Hund könnte ertrinken, stieg der Gärtner sogleich in den Brunnen hinab, um ihm herauszuhelfen. Der Hund jedoch, der über das kalte Bad so erschrocken war, dass er etwas den Verstand verloren hatte, bildete sich ein, sein Herr habe die Absicht, ihn zu ertränken. Er biss wütend um sich, als sein Herr ihn fassen wollte, und verletzte ihn tatsächlich an der Hand. Es blieb dem Gärtner nichts anderes übrig, er musste das ungeschickte Tier seinem Schicksal überlassen. »Wie ich sehe, willst du nicht gerettet sein!«, rief er, »aber woher sollte ich wissen, dass du so fest entschlossen bist, zu sterben – und selbst in den Brunnen sprangst?«

Der Adler und der Käfer

Ein Adler verfolgte einen Hasen. Der arme Hase wusste nicht mehr aus noch ein vor Angst; so sehr hatte er den Kopf verloren, dass er auf einen Käfer zustürzte und schreiend flehte: »Beschütze mich! Beschütze mich!«

»Du hörst es«, rief der Käfer dem Adler zu, »der Hase hat sich unter meinen Schutz begeben! Ich warne dich somit, ihn zu berühren!« Aber natürlich, weil der Käfer klein war, beachtete der Adler seine Worte nicht im Geringsten. Als hätte er nichts gehört, fraß er den Hasen vor den Augen seines Beschützers auf.

Diese Nichtachtung seiner Person konnte der Käfer nie vergessen. Von dieser Stunde an passte er scharf auf das Nest des hochmütigen Vogels auf. Und siehe – so oft der Adler ein Ei legte, krabbelte der Käfer hinauf, rollte das Ei aus dem Nest und ließ es auf die Felsen fallen, dass es zerbrach. Tief bekümmert um den Verlust seiner Eier, wusste der Adler sich nicht mehr anders zu helfen, als sich an Jupiter selbst um Hilfe zu wenden. »Du bist der Beschützer der Adler«, sagte er, »zeige mir einen sicheren Platz, wohin ich meine Eier legen kann, sonst werden nie mehr junge Adler meinem Nest entfliegen können!«

Da erlaubte ihm Jupiter, die Eier in seinem Schoß zu verstecken. Der wachsame Käfer jedoch hatte auch dieses Gespräch belauscht. Was tat er nun? Er drehte eine Kugel aus Schmutz und Kot, in der Größe eines Adlereies. Dann flog er zum Olymp hinauf, und da er so klein war, gelang es ihm, seine Kugel unbemerkt in des Gottes Schoß zu rollen.

Bald darauf bemerkte Jupiter diesen Schmutz in seinem Gewand. Voll Ekel schüttelte er seine Kleider aus –; und oh!, er vergaß dabei auf die ihm anvertrauten Eier. Schon lagen sie zerbrochen wie immer auf der Erde.

Der Adler sah mit Schrecken ein, dass selbst Jupiter ihn nicht vor seinem hartnäckigen Verfolger beschützen konnte. Seit diesem Tage legen die Adler ihre Eier nur mehr zu der Zeit, in der die Käfer erstarrt unter der Erde schlafen.

Der pfeifende Fischer

Ein Fischer nahm eines Tages, als er zum Fischen ging, auch seine Flöte mit. Am Meeresstrand angelangt, stellte er sich auf einen Stein und begann ein hübsches Stück zu spielen. »Ich will mir die Mühe ersparen, das schwere Netz auszuwerfen«, sagte er vor sich hin. »Meine Musik wird den Fischen so gut gefallen, dass sie von selbst kommen und zu mir an Land springen werden!« So spielte und spielte er, aber kein

Fisch ließ sich blicken. Da warf er wütend die Flöte fort; er müsste sich doch bequemen, das Netz zu gebrauchen. Als er dann das Netz an Land zog, hatte er reiche Beute gemacht. Ängstlich nach Luft schnappend, sprangen große und kleine Fische am Strand umher, was den Fischer sehr belustigte. »Gesindel, das ihr seid!«, rief er den armen Fischen zu, »solange ich pfiff, wolltet ihr nicht tanzen; ha – darum müsst ihr es jetzt tun, ob ihr wollt oder nicht!«

Der Löwe und die Mücke

Majestätisch lag ein Löwe vor seiner Höhle. »Holla, du Prahlhans!«, rief eine freche Mücke, »ich will dir nur sagen, dass ich mich nicht im Geringsten vor dir fürchte! Steh auf und kämpfe mit mir, wir wollen sehen, wer Sieger bleibt!«

Verächtlich lächelnd rührte der Löwe sich nicht von der Stelle. Da biss ihn die Mücke empfindlich in die Nase. »Ich will dich lehren!«, schrie der Löwe und schlug sich, um die Mücke zu zerquetschen, mit solcher Gewalt auf die Nase, dass er sich selbst heftig verwundete. Die Mücke jedoch hatte er nicht erwischt.

Schadenfroh umkreiste sie ihren blutenden Feind, um einen neuen Angriff auszuführen. »Glaubst du nun, dass ich dir überlegen bin?«, summte sie, gab aber dabei nicht acht auf ihre Umgebung und – geriet in ein Spinnennetz. Sofort kam die Spinne herbei; in wenigen Augenblicken war die Mücke, die über den König der Tiere triumphiert hatte, von der unbedeutenden Spinne aufgefressen.

Der Großsprecher

Ein Mann, welcher von einer weiten Reise nach Athen zurückkehren wollte, hatte einen Affen mit an Bord des Schiffes genommen. Nun geschah es, dass sich ein furchtbarer Sturm erhob; und das Schiff kenterte ganz in der Nähe Athens an der griechischen Küste. Alle Menschen an Bord versuchten schwimmend die Küste zu erreichen, um ihr Leben zu retten, ja, sogar der Affe kämpfte gegen die Wellen an. »Ich bin ein Liebling der Götter – ein auserlesenes Geschöpf!«, schrie er dabei verzweifelt, »ich darf nicht untergehen!«

Dieses Geschrei hörte ein Delfin. In der Meinung, eine höchst wichtige Persönlichkeit zu retten, erlaubte er dem Affen, sich auf seinen Rücken zu setzen. »Bist du ein Athener?«, fragte er nach einiger Zeit. »Ja, und zwar aus einer der vornehmsten Familien«, antwortete der Affe.

»Wir schwimmen wohl am besten geradewegs zum Piräus«, meinte der Delfin, denn er kannte sich gut in den Gewässern aus und wusste, dass der Hafen von Athen »der Piräus« genannt wurde. Der Affe jedoch, der diesen Namen noch nie gehört hatte, vermutete, sein Retter spreche von einer hochgestellten Person Athens. So wollte er sich auch diese Gelegenheit großzutun nicht entgehen lassen. »Oh, sehr gut!«, rief er, »er wird sich sicher freuen, mich gerettet zu sehen; er ist der beste Freund meines Vaters!«

Bei diesen Worten erkannte der Delfin, dass er einen unleidlichen Großsprecher am Rücken trug. Voll Ärger darüber tauchte er unter; und der unglückliche Affe ertrank.

Der Schwanengesang

Ein Mann sah auf dem Vogelmarkt einen Schwan. »Ich habe morgen Gäste«, dachte er, »was könnte ich ihnen Schöneres bieten, als sie den Gesang dieses Vogels hören zu lassen! Allerdings habe ich gehört, dass Schwäne nur ein einziges Mal, und zwar in ihrer Todesstunde singen, aber sicher wird dieser hier eine Ausnahme machen, wenn ich ihn herzlich darum bitte!« Er kaufte also den Schwan, ließ ihm die besten Bissen vorlegen und behandelte ihn sehr liebevoll.

Am andern Tag war dann das Festmahl. Erfreut warteten die Gäste auf den versprochenen Gesang – jedoch umsonst. Der Schwan blieb stumm, so viel er auch gebeten wurde. Ärgerlich musste sein Herr ihn aus dem Saal schicken.

Nicht lange darauf, da wurde der Schwan sehr krank. Er ahnte sein nahes Ende, streckte den Hals zum Himmel empor und stimmte einen wundervoll süßen, traurigen Gesang an.

Als sein Herr ihm eine Weile zugehört hatte, rief er zornig aus: »So schön, so wunderschön kannst du jetzt singen, wenn dir niemand lauscht als ich allein! Oh, wie ungeschickt war ich damals, dass ich dich höflich darum bat! Ich hätte dir drohen sollen, du müsstest in einer Stunde sterben, dann hätten meine Freunde sich an deinem Gesang ergötzen können!«

Das Pferd und der Esel

Ein vornehm aufgeputztes Pferd schritt, stolz auf sein Geschirr, auf der Landstraße dahin; da kam von der entgegengesetzten Richtung ein schwer beladener Esel gegangen.

Bescheiden aber langsam trat der Esel beiseite, um das Reitpferd vorbeizulassen.

»Aus dem Weg – etwas rasch – oder ich will dir mit meinem Huf einen tüchtigen Schlag versetzen!«, wieherte das Pferd, »unangenehm genug, dass ich solchem Gesindel überhaupt begegnen muss!« Der Esel gab keine Antwort.

Aber siehe, es dauerte nicht mehr lange, so wurde das Pferd für den Herrendienst untauglich. Ein Bauer kaufte es um weniges Geld. Wie es nun eines Tages einen Mistkarren zog, erkannte es der Esel, der frei in der Wiese graste, wieder. Gar spöttisch rief er über den Zaun: »Wo sind nun heute all deine schönen Schmucksachen? Du hast wohl vergessen, sie anzuziehen – was? Oh, es muss sehr bitter sein, so herunterzukommen, für einen so unverschämten Gesellen, wie du es warst!«